社科·公共管理译丛

人类可接受风险

［英］巴鲁克·费斯科霍夫　莎拉·利希藤斯坦

保罗·斯诺维克　斯蒂芬·德比

拉尔夫·基尼　著

王红漫　译

北京大学出版社

PEKING UNIVERSITY PRESS

985 支持项目

著作权合同登记　图字:01－2005－6619
图书在版编目(CIP)数据

人类可接受风险/(英)巴鲁克·费斯科霍夫等著;王红漫译.—北京:
北京大学出版社,2009.10
(经典风险译丛)
ISBN 978－7－301－15785－5

Ⅰ.人… Ⅱ.①费… ②王… Ⅲ.风险分析 Ⅳ.C934

中国版本图书馆 CIP 数据核字(2009)第 167410 号

ACCEPTABLE RISK
ⓒ Cambridge University Press 1981
First published 1981
Reprinted 1983
First paperback edition 1983
Reprinted 1984, 1987, 1988, 1989, 1993

书　　　名:人类可接受风险
著作责任者:〔英〕巴鲁克·费斯科霍夫　莎拉·利希藤斯坦
　　　　　　保罗·斯诺维克　斯蒂芬·德比　拉尔夫·基尼　著
　　　　　　王红漫　译
责 任 编 辑:季春莲　杨　虹
标 准 书 号:ISBN 978－7－301－15785－5/C·0538
出 版 发 行:北京大学出版社
地　　　址:北京市海淀区成府路 205 号　100871
网　　　址:http://www.pup.cn
电　　　话:邮购部 62752015　发行部 62750672　编辑部 62752824
　　　　　　出版部 62754962
电 子 邮 箱:weidf@pup.pku.edu.cn
印 刷 者:北京宏伟双华印刷有限公司
经 销 者:新华书店
　　　　　　650 毫米×980 毫米　16 开本　16 印张　190 千字
　　　　　　2009 年 10 月第 1 版　2009 年 10 月第 1 次印刷
定　　　价:31.50 元

译者序

受卡耐基·梅隆大学风险分析中心主任 Julie Downs 研究员邀请,2005 年春季学期我在卡耐基·梅隆大学社会决策与社会科学系及风险分析中心做访问学者,有幸结识了世界风险分析的扛鼎专家和学者。

国际风险分析学会主席巴鲁克·费斯科霍夫(Baruch Fischhoff)教授热情地邀请我参加有关风险分析的各种专家研讨会,并将该领域研究前沿的文献和成果介绍给我。

"美国风险预知、传播、教育走在前列。大到人类安全、国土安全;中到航空安全、邮政安全;小到食品、饮用水和家居安全。从 20 世纪 70 年代初一些美国学者就已提出怎样安全才是足够的安全的警告和预防措施,但重视不够。自 9·11 事件后,该领域研究与实践,受到全世界的关注,目前美国处于领先地位,欧洲各国也积极跟进。在风险分析国际组织和研讨会上,偶尔有两三位亚洲人的面孔,基本上是日本、韩国、印度的。天灾和人祸,有时是无国界的,我们愿意把该领域研究的成果与中国学者和政府共享,共同促进人类对风险的防控"。巴鲁克·费斯科霍夫教授在专家研讨会和其家宴上不止一次对我谈及。

"有心得可以告我共赏之,有疑问可以告我共析之"(清·曾国藩),这确是学者应遵守的本分。"它山之石,可以攻玉"(《诗经》)将西方风险分析理论和方法系统地介绍给国人,以供阅者研究,不无裨益。我上网查阅了关于该领域的书籍,并征求巴鲁克·费斯科霍夫教授的意见和建议,不谋而合我们选中了相同的三本书:1. 巴鲁克·费斯科霍夫:《人类可接受风险》Acceptable Risk;2. 格来哲·摩根:《不确定性》Uncertainty;3.《风险分析荟粹》Reading in Risk Analysis。其中两本,《人类可接受风险》虽然是 20 世纪 70 年代出版,但时至今日,也是相当经得起考验;《不确定性》在西方目前被称为风险分析的圣经。而第三本书由于后来版权待定,故此仅以前两本开译。

在美期间,巴鲁克·费斯科霍夫教授亲笔给我写了授权书,又将《不确定性》作者格来哲·摩根的 E-mail 给我,我给格来哲·摩根发去了邮件,得到他的答复:"同意在中国出版,与剑桥出版社联系"即可。得到了作者授权许可(permission),还得谈版权(copyright),因此时我已回国(由于国内的科研和教学任务,我在美仅 60 天);就此我通过 E-mail 又咨询了巴鲁克·费斯科霍夫教授;于是他将该出版社负责人 Christina Roberts 的联系方式给了我;我旋即发去了 E-mail;Christina Roberts 回复让我与具体负责人 Mrs Cordelia Hamilton 联系;……尽管九曲十八弯,但结果是喜人的,Mrs Cordelia Hamilton 很快就发来了 E-mail,请我找一家好的出版社,愿意在中国出版。我将此事宜与北京大学出版社杨书澜主任商谈,她敏锐地意识到该方面书籍的成译,

"将填补我国该领域研究的空白,而且是新学科的生长点",让我先将中文内容提要和作者简介译后并书的封面和封底给她。依嘱,我第二天发给她,她看后立即就向社里做了申报,三个月后就获得了北京大学出版社选题会通过。于是我开始着手翻译,由于科研和教学工作,该译文时断时续,然,两历寒暑,一聚心力,今终成斯愿。

苏联切尔诺贝利核电站的泄漏、美国的9·11事件、中国的SARS带来的灾难虽然已经淡出,但其阴影和不安的记忆不免仍滞留在人们的脑海中,因此无论是对风险知识的传播,还是从学科建设(目前,我国尚无风险分析专业和系统理论的跨学科研究),以及政府管理都不无裨益,希望该系列书的成译,为学界时贤和后学及为政者提供学术—思想资料,对该领域研究在国内的展开做些贡献,对促进人类对不确定因素及可接受风险度的认知、理解、把握、防范,社会和谐发展起到健康倡导、促进和推动的效用。

"师者,教书、育人、治学、咨政"(1999,王红漫)——这是我给自己的定位。故希望该书在出版过程中和出版后也能发挥此等的作用。考虑到我的一个研究方向是评价流行病学,这涉及公共卫生风险分析,便分别将其中的两三章节让该方向三个研究生(杜远举、邓喜先、王宏艳)试着翻译,尽管总体而言在他们翻译中的语句晦涩,粗糙,还有对专业和文化的生疏,但仍能看出该章节主旨他们还是读懂了。为了让学生切实理解风险分析的理论与方法,我在2006年暑期为名下研究生(公共卫生学院、政府管理学院)开设"风险分析经典导读"课,将初译稿作为参考教材,学生们完成了读书报告,进行了心得交流,而且做得十分认真,无不表示无论对语言还是对专业知识都收获不小。2006年"风险分析经典导读"课程获公共卫生学院青年教师讲课比赛一等奖。2008年获公共教学讲课比赛一等奖。

北京大学数学学院王长平教授对《不确定性》一书中的数学和统

计学方面给予了大力的支持和帮助。杨虹、王艳、李向宇、李政、李扶摇、王宏、曲晓利、王冠、麦艳阳、王彦军、胡蓉、高红、杜远举、邓喜先、王宏艳、薛勇、苏乃芳、陈江、丁鹏、吕凯、包鹤龄、胡传朔等完成了两本书部分章节的校正和录入工作。该译本面世的准备工作得到了北京大学社科部、北京大学出版社的支持与鼓励,他们中间最重要的有识之士是张国有副校长、程郁缀部长、萧群副部长、张黎明总编辑、杨书澜编审。在此一并表示衷心的感谢!

王红漫

北京大学文珍阁

2006 年 9 月 9 日首稿;2008 年 12 月二稿

目　录

第一章

多安全可谓足够安全?

可接受风险的定义

人类从出生到成熟,将经历获得行为能力和学习如何运用这些能力的交替阶段。我们先学会爬行,然后认识哪些是安全的活动范围;我们先学会说话,然后努力言而有意。在这些过程的第一阶段,我们仅仅是尽力,为决策付出的代价是极小的。而在第二阶段,自由支配行为的投资大大增加了。幸运的话,为决策而做的努力会避免代价昂贵的失误。

社会以一种相似的模式孕育并掌控生产和毁灭的新方式。立法机关、工会、保险公司、执法管理机构,以及包括日内瓦公约在内的社会机构都在控制由新技术发展带来的潜在的负面影响上起到了一定的(至少部分的)作用。这些机构面临的根本问题是,多安全可谓足够安全？比如说：是不是需要在核电站周围添加额外的防护设施？糖精的致癌性低到了我们可以食用的程度了吗？使用含有石棉的材料做天花板的学校是否应被查封？问题的答案有时以执行标准体现（如，排放量要低于 0.5 ppm）；有时依据经济学原理决定（如，一项控制策略的预期收益必须要超过其预期的投入）；有时采用特殊的方法解决（如，安装汽车气袋）；有时通过政治协商决定（如，允许完成泰利库（Tellico）大坝以避免触及濒临灭绝物种法案）；有时采用迂回策略以避免对某些问题做明确的决定（如，通过指责气溶胶产品使用者来减少 hydrofluorocarbon（氢氟碳）的排放量）。

近来，人们越来越多地看到尽管上述社会机构的工作曾经做得多好，他们对于"多安全"的问题的答复还往往是不充分的。一些有关可接受风险的决定甚至从未被提及，部分原因是因为不明确的法律条款及烦琐的立法程序，另一部分原因是因为没有明确的标准可以遵循。结果，由于不能确定核电站建设的可行性，核工业的发展进入了徘徊期，消费者产品安全协会仅停留于提供几个安全标准，旁观者怀疑新颁布的有毒物品管理法是否可以施行，食品和药物管理局无法摆脱关于容许过度风险和阻碍创新的抱怨。

现有的决策往往呈现出不一致性。我们的法律条款对于食物中致癌物的限定严于饮用水和空气。在英国，按拯救一条生命所需的费用计，花在制药工业安全性控制上的金额是花在农业上的 2 500 倍。据估计，美国每花费 14 万美元在修建高速公路上便可拯救一条生命，拯救一个受到放射线照射的病人却需花费 500 万美元。

我们经历了一次这样的革命，那就是识别随科技而来的副作用并努力去控制它们。其结果是成千的新化学制剂、药物、食品、机械、疗法和工艺淹没了我们的决策能力。上述任何一种新技术所带来的副作用，都具有许多不可估量的特性，诸如：后果的不可逆性，对社会个体活力的危害以及对那些必须依赖别人保护的"沉默"群体（如，未来的一代人，生态区）的冲击。我们被领入了一片神秘地带，我们不了解事物的本质和我们所面临问题的范畴，我们甚至不清楚什么是我们所期望的结果。解决这些问题需要一种决策上的革新以呼应近30年来的技术革新。

可接受风险是一个决策问题

可接受风险问题是决策问题，也就是说，它需要我们在几个行为选项中做出抉择。与其他决策问题不同的是，在可接受风险问题中至少某一选项将导致对人类的生命或健康的不利影响。我们称这些潜在的不利影响为风险。

不管是正式的或非正式的，对选项的审选应包括以下五个相关步骤：

1. 确定用于衡量预期结果的指标

2. 明确可供选择的选项，行为选项也可能包括不采取任何行动

3. 确定每个选择的后果和其发生的可能性，后果包括但不局限于危害性后果

4. 对各种后果进行评价

5. 分析并做出最好的选择

按照上述程序的逻辑，最后一个步骤确定了"最可接受"的选择。如果上述程序的筛选建议被采纳，那么最佳的选项就有可能被接受。当然，除非您觉得上述程序足够完善严谨，否则您并没有必要这么做。

做出某一选择本身并不意味着伴随这一选择的风险在任何绝对的意义上都可以被接受。严格地说，谁都不愿意接受风险。我们做出抉择并接受随之而来的一定程度的风险及其他后果。但是如果在

2

做决定时考虑到收益或其他(无风险)投资,我们的选择不一定必须是风险度最小的那个。事实上,只要有足够的收益作为补偿,我们甚至可以取风险度最高的选择。一个选项是否吸引人取决于其有利和不利后果的综合。

哪一个选择是最佳的选择应由具体情形而定。也就是说,没有一成不变的最佳选择(风险、成本或收益)。人们应在考察了可供选择的选项(后果、价值和实际情况)后,做出抉择(及与其相关的风险、成本和收益)。在不同的情况下,不同的选项、价值和信息也许会相互关联。随着时间的进展,任何一种变化都可能导致对相关选项评价的改变:分析过程中错误的发现,新的安全装置的问世,价值观的改变,新的信息的涌现,等等。即便在同样的时间和情形下,人们在价值观、信仰、主观因素或决策方式上的不同也导致他们在最佳选择上的分歧。简言之,追求"绝对可接受"是一种误导。

由上可见,与某一选项相关的风险的可接受度受到许多不同的因素的影响,包括该选项的其他特性,以及对其他选项的考虑等。在某一特定的决策问题中,我们可以用可接受风险这一术语来代表与最佳选择相关的风险。然而,由于决策的过程是如此之复杂,日后,人们往往忘记了我们的选择曾是建立在怎样的基础上的。"可接受风险"这一个术语很容易被误用为绝对的,而不是相对的可接受性,基于这一考虑我们应该仅仅把它当作一个用来描述一种决策问题的形容词,而不应把它当作名词来指代在决策过程中所作的选择的一种属性。因此,我们现在所谈的是可接受风险问题,而不是可接受风险本身。

图解例证

站在决策的角度,我们提供了一种通用的语言来探讨可接受风险问题中常见的问题,如图1.1—1.4所示。假设一个人被授权做出每一项决定,与之有关的所有的风险和成本都能被确定,并精确地被描述和评估,而且所有选项都将带来同样的收益。所有选项之间唯一的不同在于与它们相关的成本和风险的水平;0 代表所有变量的 **3** 最佳水平。用一个具体的例子来说明,一个人要在汽车和外科手术之间做出选择并仅仅考虑这两个选项在风险和成本上的不同。

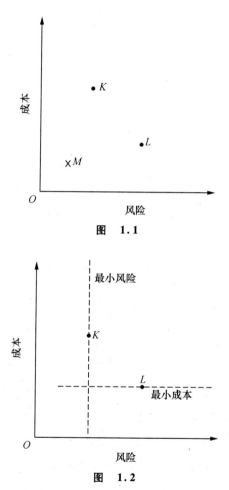

图　1.1

图　1.2

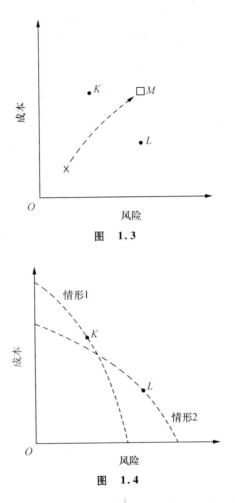

图　1.3

图　1.4

　　图 1.1 显示了所有选项对最佳选择的影响。如果 K 和 L 是仅有的选项,那么我们是在高成本低风险(K)与低成本高风险(L)之间做出选择。我们选择哪一个,可接受风险就是与 K 或 L 相关的风险。如果一个新的选项(M)具备更低的风险并要求更低的成本,那么这个选项将优于 K 或 L。那么可接受风险将是与新的选项相关的风险。

图 1.2 揭示了决策者的主观因素对如何确定最佳选择的影响。 4如果我们的目标是最低限度的风险,那么选项 K 将是最佳选择。另一方面,如果我们的目标是最少的成本,那么我们必须选择选项 L 和它的较高的风险。

前面我们假设我们对所有的风险和成本的认识都是完美无缺的,图 1.3 对这一假设稍作修正,假设新知识极大地改变了决策者对选项 M 的成本和风险的评估。如果 M 已经被选择,那么实际被接受的风险将会被证明比原来预期的风险高得多。如果我们尚未做出选择,那么我们将会转向选择 K 和 L 及与其相应的风险。

图 1.2 中使用的最小化成本和最小化风险的决策规则是相当简单的。图 1.4 中两条无明显差异的虚线代表了更实际的倾向性。取决于个人的倾向,曲线上的每一点对不同的人可以有相同的吸引力。情形 1 反映了人们情愿花费很大的成本以换取哪怕较小程度的风险的降低。根据这个标准,选项 K 优于选项 L;选项 L 以提高风险来换取低成本所付出的代价太高。现实中,人们还是宁愿选择 K 即便 L 的成本是 0。情形 2 反映的是人们不愿意以增加成本来换取低风险;这时,选项 L 将是最佳选择。

明显简单化的解决方案

把可接受风险问题看成决策问题同样可以帮助发现某些过分简单化的解决方案的缺陷。比如说,人们倾向与主张任何风险都是不可容忍的。但是,站在决策的角度,人们不得不去问这样一个问题:什么是绝对安全的代价?严格执行的话,对风险的完全不容忍的态度会导致十分荒诞的决定,如图 1.5 所示选择 A 而不是 B,是用极大的成本来换取极小的风险的降低。

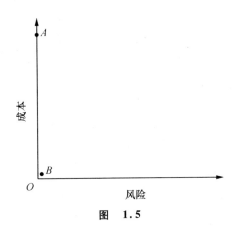

图　1.5

为避免安全性花费,人们也许会提出拒绝任何在安全上有问题的材料、活动和技术。站在决策的角度,人们被迫去问是否有任何其他选择可以用来取代。当别的选择本身也有风险时,我们所获得的安全便可能是虚幻的。比如说,当一个糖尿病患者需要用甜食时,禁止食用糖精可能消除了肿瘤的危险性,但却增加了因食用糖带来的危险。

奢望绝对安全的另一表现是无条件地坚持选择尽可能安全的选项。图1.6中的选项 C 比起选项 D 来风险性较小,但是成本却大大地增加了。大多数人会忍受风险的少量增加以换取成本的大幅度降低(至少当那些承受风险的人能得到节省开支的好处时)。

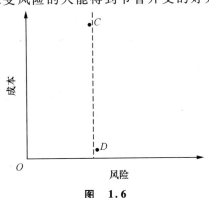

图　1.6

另一个对"多安全可谓足够安全?"这一问题简单化的回答是用一个很小的数字(如,10^{-7})来代表某些严重后果的最大可容许度。图1.7举例说明了这种解决方案不合理的一个情形。假设选项 E 和 F 位于指定标准的两侧,选项 E 比 F 的成本要大得多,在现实中,大多数人可能会愿意选择 F 而不是 E,尽管事实上选项 F 高于安全标准。

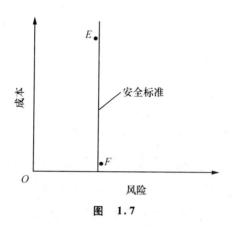

图 1.7

一个更成熟的解决方案是指定一个固定的成本和风险的权衡标准。比如说,我们可以采用成本不超过 100 万美元的任何一种方式来拯救一条生命。但是图1.8表明,这个方法可能还是过于简单。当风险很高的时候,人们也许会愿意花费大的成本以降低风险。因此,即使由 H 改选 G 增加了一倍的花费而仅仅减少了1/4的风险,人们还是更愿意选择 G 而不是 H。同时,如果风险很低的话,人们也许不会愿意为增加安全而投资。因此,人们可能会选择 G 而不是 J,即使与从 H 改选 G 相比,从 G 改选 J 花较少的钱却带来较高的安全性。如果人们认为不同的价值权衡适用于不同的风险水平,这种倾向与指定权衡标准并不矛盾。

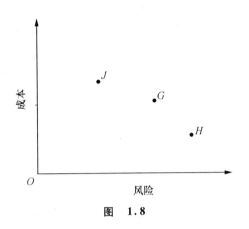

图 1.8

综　　述

可用于风险性选择的方法很多。在本书中,我们将在一个共同的概念和评估的构架下来讨论这些方法,并通过阐明以下几个问题为读者提供一个建设性的指南:(1)每种方法的行政学上的和认识论上的假设。(2)每种方法对风险决策所面对的常见问题的处理方式。(3)每种方法对处理风险问题的现实的适应性,具体地说,如何应对既定的利益、人性的缺陷、机构的笨拙。

第一章给出了概括可接受风险问题为决策问题的基本框架。第二章将分析每种方法在处理可接受风险问题时都必须解决的普遍难题;由此限定我们探究的范畴。第三章将提出用于评价方法的一系列原则;并提出以各种理论为基础的分类方法。第四、五、六章将首先阐述每一类方法是怎样解决第二章提及的普遍难题,然后用第三章提到的评价原则对其进行评价。第七章将评价每种方法的优点和缺点,以及每种方法在处理某些特殊的可接受风险问题时的相对优势。第八章将综述我们的结论。第九章将为公共政策提供建议。最后,第十章将提出为了提高整个社会决策能力所需要的未来的研究方向。

政府规章制度的辩护者常常申辩规章制度的好处就是技术强制。也就是说对发明者提出挑战并激励他们以最快的速度做出技术革新。类似的言论主张危险的技术可以得到社会强制的不易觉察的好处,即促进新机构和管理技能的改革。新技术为社会注入了新的能量,也使其变得更为成熟。

总　　结

多安全可谓足够安全？回答这个问题就意味着要在众多答案中做出选择。因此,可接受风险问题是一个决策问题。最佳选项的风险就被定义为可接受风险。然而,这个定义忽略了这个选择的条件和背景。不同的决策方式、信息或考虑的选项将导致不同的决策者在考虑选择哪个选项(及其相关风险)的时候做出相当不同的决定。其结果导致没有一个可以普遍被接受的选项(或风险)。尤其是,无法确定这样一个风险水平,低于这个水平的风险能被接受,而高于这个水平的风险就不能被接受。

第二章

为什么解决可接受风险
问题如此困难？

五个常见的难题

第一章在制定决策的框架中提出了可接受风险的概念。然而，第一章所给出的具体例子（图 1.1—1.8）是设计来解释基本原理的而不是用来描述实际决策问题的。第二章试图通过识别实际决策中常见的五个难题来描述实际的可接受风险决策问题。这五个难题是：(1) 问题限定的不确定性。(2) 评估实际情况的困难性。(3) 评估相关价值的困难性。(4) 决策过程中人的因素的不确定性。(5) 评估决策质量的困难性。

对这些问题的讨论显示，即使是决策问题最直接了当的方面（如，对问题的限定或对决策者价值观的评估），哪怕从技术上来说是可行的,也往往充满了困难。这些难题是可接受风险问题所面临的现实,任何设计用来解决可接受风险问题的正式或非正式的方法都与之抗争。在随后的章节中,我们将以如何解决这五个难题为标准来评价用于可接受风险决策的各种方法。

关于问题限定的不确定性

问题的限定决定了决策制定过程的研究范畴。它决定了应该考虑的选项和后果以及应给予考虑的信息及其不确定性。在很多例子中,一旦问题限定确定了,也就是有效地做出了决策。不幸的是,在对可接受风险的讨论中人们通常未给予问题的限定以足够的重视。

什么是决策?

决策制定的方法论通常假设决策问题有个清楚的限定,并且这些问题是在某一固定的时间点被某个确定的人所解决的。对实际决策案例的研究表明,更具代表性的是,决策是随着时间逐渐形成的,不同的人在不同的阶段对当时的政策做出一定程度的改进,或者引进新的选项(如,March & Shapira, in press;Peters,1979)。一些观察者可能会指出决策应该在这样渐进的、反复尝试的方式中形成。比方说,对问题的限定留有余地,人们便可以对问题进行更为深入的思考(Comar,1979a)。模糊的限定也许有助于使对立的团体达成妥协,这在问题被限定得很明确时是不可能达成的。然而从另一方面来说,如果没有一个清楚的限定,便很难有目的地应用决策方法,甚至难以弄清楚需要解决的是什么(或谁的)问题。

什么是隐患?

要研究一项技术的风险是否可接受这一决定本身就暗示了,在一些掌权人看来,这项技术可能是太危险了。提出问题本身就是一个带有潜在的重要后果的行为。把一项技术放在决策制定的议程中,能吸引人们对这项技术的注意力,促成对其他隐患的忽略,从而从本质上改变这项技术的命运。例如,考虑二氧化碳引起的气候变化改变了矿物燃料与核能量对峙的情况。

当一个问题被限定以后,涉及的隐患也必须被限定。限定的范围特别重要。军用的和非军用的核废物是应一起被放在一个大的类别中,还是应被当作独立的隐患? 在特纳利夫岛(Tenerife)两个大型喷气客机的相撞是一个通信错误的特例,还是辅助控制器障碍这一大类问题的一个代表? 石棉的应用应被看作一个整体行业还是应该被看作是由制动衬面、绝缘品等等独立行业组成的? 危险废弃物是应包括生活污水还是仅包括工业废渣("关于人类错误的思考"(A look at human error),1980)? 分类可能把一系列较小的隐患转变成一个重要的社会问题,反之亦然。环境中的铅看上去可能值得担心,但是在金枪鱼罐头中的铅焊料可能就不值得人担心。在最近几年,独立的虐待儿童的案件被放在一起当作一个持续发生的事件,看上去像是一个具有普遍性的并需要立即采取措施的问题。

通常只有在决策及其后果经历了实践的验证之后,隐患的分类才会变得明确。一些隐患种类被拓宽,例如,当旧的决策被用于处理新的隐患时。随着时间的变化一些种类的规则在某些情况下已经不再适用(Barber,1979),因而另一些隐患种类被缩小了。在任何情况下,如果我们事先对隐患有更好的限定,我们就可能做出不同的决策。

然而,对一个隐患不能只在范围上进行限定。如图2.1所显示的那样,隐患的产生源于人们要求技术不断地发展以满足时代的要求。人们可以着眼于它的发展的全过程或者仅仅着眼于它的结果。对隐患限定的时限越窄,我们能考虑的选择就越少。

10

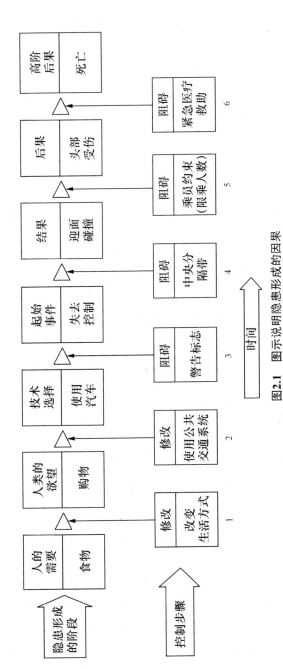

图2.1 图示说明隐患形成的因果

上面的一条链显示了隐患形成的七个阶段，从最早（左侧）到最后形成阶段（右侧）。每一方块上部是对这些阶段的总体描述，下部用摩托车事故作为例子。每一阶段的因果关系采用三角形相连接。垂直的箭头将六个控制步骤连接到每个阶段之间的转换过程上。图示对每一个控制步骤都给出了总体的控制行为。控制步骤2读作："你可以改变你对技术的选择，用公共交通工具来替换摩托车，因此通过减少摩托车的使用来阻断随后摩托车事故的进一步发生。"时间坐标表明了隐患形成的前后顺序。并不一定表明控制行为的某一控制行为的发生顺序。因此，从一个管理学的角度看，某一隐患后果的发生可能导致位于隐患链前期的某一控制行为的发生。

（资料来源：Bick, Hohenemser, & Kates,1979）

11

什么是后果?

在第一章所讨论的简单决策中,我们对各种选择的后果从两个方面进行评价,即成本和风险,并且假设所有的选择在其他方面,包括收益在内,都是等同的。决策过程中问题最大的、主观性最强的似乎是怎样进行价值权衡。

然而可能有人会问,这些术语是什么意思?稍作想象,任何后果都能归纳为成本、收益或风险。首先,我们应对一套相应的后果进行定义。表2.1列出了一些可能的后果。每一个都能很容易地与成本、收益或风险的其中一项相联系,每一个都有一个与其较为吻合的"隐患"的定义,每一个都能提高或降低不同供选项的吸引力。

表 2.1　一些不同层次上对选择吸引力具有影响的结果

经济学的	生态学的
依从性成本	物种灭亡
市场效率(如,垄断、资本形成)	被改变的生态系统平衡
革新	被改变的基因库
增长率	栖息地的损坏
机会成本(如,钱还能怎么用?)	政治的/伦理的
自然的	中央集权
死亡	一代人和几代人间的平等
遗传损伤	个人自由
伤害	国际关系
疾病	社会承受力
	心理上的
	担心、焦虑
	对未来的信心
	精神错乱

选择的过程存在着规范。这些规范反映了决策时权力的平衡以及团体通过游说使他们的观点被更好地反映之后平衡的转移。环境运动在法律中加入了一些新的条款,现实"规章改革"运动想要重新解释那些条款或至少确保传统的财团利益或损失不被忽略。一些观察者担心一些后果可能被忽视,因为它们太具普遍性或过于深远而无法被放入特定的决策问题的限定中,为此它们可能被忽视,遗传多样性、社会承受力或实验机会(Dyson,1975;Lepkowski,1980;Svenson,1979)就是这样的一些例子。

从一个正式的问题的限定中排除一个后果并不需要将它从参议者的议程中排除。一些想法往往产生于人们的自我意识之中,诸如他们不让我谈论这个选择如何影响我选择的自由(或者化学工业或我们的职业责任的自由),我就千方百计来阻挠这个过程。

我们可以有哪些选择?

如果决策包含了从不同的选项中进行抉择,那么当我们认真地确定了一系列选项后很大程度上我们已经做了决定。原则上,我们至少是在对一项技术的接受或拒绝之间做出选择,切记拒绝一项技术很大程度上意味着接受另外一项技术。鼓动者可能倾向于只包含了"行动(go)"的选项,如按计划行动(go)、遇到反对后行动、非实质性修改(cosmetic)后行动。Gamble(1978)将 MacKenzie Valley 管道(pipeline)的支持者描述为"如果做了足够的研究,如果提供了足够的文件,一切便会顺利,项目便可以按原计划进行"(p.951)。如果人们考虑到可以不做选择,可以做渐进性的反复试验的选择,或可以将选择推延到有更多的选项和信息时再做(Corbin,1980)人们便有了更多一个层次的选择。

如果隐患被限定在如图 2.1 所示的一个宽阔的时空定义中,人们也许可以在每一隐患形成的阶段中对更多的选项进行评估,包括更改想法、改变技术和预防起始事件的发生。表2.1所列的一些后果表明我们不应针对某一特定的隐患进行决策,而应致力于建立基本的社会政策并从中推导出对付特定隐患的决策。

被排除的选项除了在实际中不能再被选择外,常常会在概念上被渐渐淡忘,因为在决策制定的过程中与它们相关的一些事实不再被考虑。一些常见的伎俩甚至可以使一些候选项不被认真地考虑。一个伎俩是引入一个更加诱人的选项,使其他选项都变得逊色(如,我们要救济即将饿死的人,或因要平衡开支而拒绝救济那些人)。另一个伎俩是不对选项的特性进行研究,以至于选择所带有的不确定性使许多决策制定者敬而远之。第三个伎俩是对一个竞选项做大量的投资以至于公众不能承受失去这一选项所带来的损失。Fay(1975)把这个策略称作过度投资欺诈。确实,即使是对一个选项的适度投资也足以使人们不愿意轻易放弃这一选项(Teger,1980)。在美国几乎所有的大坝一旦开始修建就不会中途停工,这说明了问题限定过程中一个哪怕很微小的既成的事实会有多么深远的影响(U. S. Government,1976)。

13　在任何决策的背后都隐藏这样一个默契,如果项目的进程进入了死胡同,一个预定的选项将被采纳。当只是在行与不行之间做选择时,一个常见的决定是在一开始便假设现有技术的风险是可接受的,只要这一假设未被推翻,新技术就得不到这样一个同等的机会(Dorfan,1980)。

如何限定问题的特殊性?

确定了问题的粗轮廓并不意味着对问题限定的结束,或意味着问题的限定对决策的重要性减小了。例如,美国空气质量法将重点

放在对条款所涉及的"健康的不利影响"的控制措施上(Feagans &
Biller,1979)。美国公共卫生协会(1980)控告1980年职业安全和健
康促进法案赋予"'工作场所'一个非实质性的定义使得雇用者可以
尽可能多地将一些活动和工人排除在法案的有效范围之外"。某些
条例说明,任何安全措施只要用于拯救一条生命所需的成本少于多
少美元就必须被采纳,却很少说明它所指的是哪一年所使用的美元。
Weinberg(1979)担心社会可能会用事故发生的绝对次数来衡量,而
不是用每年反应堆的发生率来衡量三里岛核电站的安全性。新技术
和旧技术可能受制于不同的标准,尽管"新"通常并无确切的定义
(Krass,1980)。在对一个选项进行评估时,人们可以依据它的提议
者所给的限定进行评估或依据实际执行过程中出现的情况进行评
估。由于很多的实际隐患很难被证明,所以当某一选项被选定后,是
否要求人们证明他们遵从这一选项所要求的安全标准可能会给这一
选项的有效安全水平带来很大的影响。哪怕一些表面上看来明确的
术语,如剂量和被雇用(像在"工人被派去消除污染"或者"因为不遵
从而被解雇"中),仍然存在着概念和解释上的不同(Brooks & Bailar,
1978;Walgate,1980)。在这些例子中,对于细节的关注是获胜策略
的一部分,并且会给所做的选择和接受的风险带来显著的不同。

总结

决策问题必须先被限定,然后才能被解决。这个过程包含了对
是否必须做出决策的决定,如果是,需要考虑哪些选择及其后果。然
后必须把决策的术语转化为可操作的形式。所有这些决策前的决定
对最终选择的影响极大,以至于一旦基本原则被确定,决策的结果可
能就已经被决定了。

14

评估实际情况的困难

在第一章的示意图中我们能轻而易举地便形成决定,是因为我们假设我们准确地知道所有相关的事实。正确评估正在发生的事情使得我们能集中注意力评估形势以决定什么是我们想要的。许多时候当可接受风险决策面对的是熟悉的重复出现的隐患时,问题变得简单明了了。例如,我们也许能对增加一个救护车队或消防队,对要求安装安全气囊或佩戴摩托钢盔所需的成本及挽救生命的能力作非常精确的估计。但是,重要的事实通常被不确定性所笼罩着(像图 2.2 中的一样)。图 2.2 中的每个点都代表了对一个选择的成本和风险的最佳猜测,然而,实际的水平可以处于各自长方形中的任意一点。实际上,选项 K 可能在成本和风险两个方面都好于选项 L,也可能在两个方面都不如选项 L。

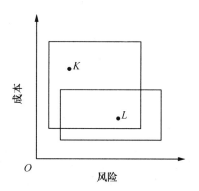

图 2.2　决策选择评价中风险和成本评估中不确定性的影响

虽然这些点表示了 K 和 L 选择的性质的最佳猜测,但是每一个都可以放在它们各自长方形中的任意位置。不同的位置将导致不同的决策。

任何参与为风险决策提供信息的科学家都不会对事实的不确定

性感到意外。认识数据的局限性是基本的科学训练。对于决策制定者，对这些局限性的认识对于评估决策的可靠性是很重要的。每一个用于可接受风险决策的方法都要涉及是否或如何处理这些不确定性问题。全面地认识不确定性问题必须应用物理学、社会学和生物学的方法论和原理。下面我们将讨论一些普遍的并且关键的问题。

15

估计非常低的可能性

令人欣慰的是我们的大自然有这样一个特点，那就是极端灾难性事件的发生率很低。大洪水、灾难性的瘟疫和悲惨的地震都是例外的而不是常规的事件。社会机构试图限制人为的隐患以降低它们导致灾难的可能性。如果一些项目计划要经常性地杀死很多人，那么这一些项目就不可能得到发展，无论它们所许诺的利益有多大。困难的是在某些情况下我们知道灾难发生的概率很低，但不知道它究竟有多低。不幸的是，对于非常小的概率的定量估计通常是很困难的（Fairley, 1977）。

有时，人们能找到提供相关灾害发生的频率的历史记录。美国地质测量协会根据 75 年的可靠资料对大地震发生的可能性进行了评估（Burton, Kates, & White, 1978）。冰岛对于过去一千年来冰块移动的广泛观察预示了将来可能会有一段极其寒冷的时期（Ingram, Underhill, & Wigley, 1978）。核电站运转在 500 到 1 000 反应堆年（reactor-years）内未发生任何全面性核熔化事件为将来发生全面性核熔化事件的可能性提供了一个置信区间（Weinberg, 1979）。当然，任何以这些历史记录为基础的推断都受人为判断的影响。大容量的人工蓄水池（reservoirs）也许会提高某些地区的地震发生率。大气中逐渐增加的二氧化碳的浓度也许会增加或缓和每年温度的波动从而改变气候。设计、人员和管理的不同可能使下一个 1 000 反应堆年与先前的一个 1 000 反应堆年的情况有显著的不同。确实,任何试图向经验学习并且使技术变得更安全的努力都降低了用过去的经验对未来进行预测的成功性。

它很可能带来永生,但要用"永远"来检验。

S. Harris 画。被作者授权再印。@ Sidney Harris,1976/美国科学杂志。

即便专家们都同意对记录的解释,1 000 个反应堆年或 1 000 个日历年的数据可能还不够。如果人们相信一些核能反对者所预测的核熔化的最坏情形,那么即便核熔化事件以 0.000 1 的概率(每反应堆年)发生也似乎仍然令人难以接受。但是,只有等到下世纪我们才会有足够的实际经验让我们能较为自信地来判断核熔化事件发生的可能性是否真的是如此之低。

建模的需要

当没有历史记录(或相关系统的记录)时,人们只能依靠推测。较复杂的推测依靠模型,例如通过用错误树和事件树对冷冻剂缺少事件进行分析反应堆的安全性研究(美国核反应堆委员会,1975)。

16

错误树由导致核熔化的一系列事件的逻辑结构组成。如果有足够的数据资料,它可以模拟人们所遇到的具体情况(如,对某一阀门的操作)。最终系统失败可能性取决于每一必需组成成分(必要组件)的失败可能性(Green & Bouren,1972;Jennergren & Keeney,in press)。

分析的可信性取决于专家对灾难发生过程的所有途径的模拟能力及建模过程中所提出的所有的假设。不幸的是,极有限的系统数据和大量无根据的报告说明专家很容易在某些方面发生错误或疏忽。表 2.2 显示了可能隐藏在一个正规模型的自信外表之下的一些问题。 **17**

当因无法描述系统的逻辑结构,从而无法计算系统的失败的概率(如,有大量相互影响系统的情况下)时,人们可能会使用物理或计算机的模型来模拟。如果人们相信模型的输入和由计算机进行的中间运算,那么人们就应该相信模拟的结果。但是,当模拟的结果违反人们的直觉或不合政治时宜时,结果会是怎样的呢?由于很多参数和假设原本就是未知的,因此很多时候倾向于稍微调整一下参数或假设重新进行模拟。对这一倾向可导致在模拟过程中产生系统性和细节性的偏差。在极端情况下,人们只接受与他们的期望相符的模型。

缺少可接受模型的明确标准可能是引发对 Meadows,Meadows,Randers 和 Behrens 的《生长的限制》(1972)及 Forrester 的《世界动力学》(1973)争论不休的原因。所有的人都同意这两本书所举的例子 **18** 在某些程度上是错误的而且过于简单化,但是没有人能说出这样的错误和简单化对结果的影响到底有多大。

表 2.2　构建风险评估中的一些问题

没有考虑人为误差对技术系统产生怎样的影响。

例子:由于缺少充分的培训和控制室的设计问题,三里岛的操作人员多次对反应堆的问题做出了错误的判断并且采取了不适当的措施(Sheridan, 1980;U. S. Government,1979)。

对现代科学知识的过于自信。

例子:在今天看来 DDT 除了对人类带来的好处外也带来了不可逆的坏的影响,可是在科学家认识到它可能会有副作用之前,它已经被广泛地无控制地使用了(Dunlap,1978)。

不能整体地评价技术系统的功能。

例子:因为 DC-10 的设计者没有认识到货舱的减压会摧毁至关重要的控制系统,致使 DC-10 在最初的几次飞行中失败了(Hohenemser,1975)。

在监测慢性的累积性的影响上的滞后。

例子:虽然煤矿工人的事故已经长时间地被认为是经营矿物燃料厂的一个代价,但是酸雨对生态系统的影响是很久以后才被发现的(Rosencranz & Weststone,1980)。

不能预见人对安全措施的反应。

例子:水坝和防洪大堤给人们带来的一定程度上的保护给了人们一种安全的错觉,并促进了坝内低洼地的开发。因此,虽然洪水发生的次数减少了,但是每一次洪水发生所造成的损失要比原来大得多,以至于每年平均损失的金额比大坝建造之前还要多(Burton,Kates,& White,1980)。

不能预见共同性的故障,这些故障同时影响着多个在原设计中相对独立的系统。

例子:由于连接用于控制阿拉巴马布朗渡口的反应堆的多个安全系统的电缆在安装时没有间隔一定的距离,致使五个紧急制冷系统一时间被一场火灾毁坏了(Jennergren & Keeney, in press;U. S. Government,1975)。

对判断的需要

一旦人们对所建立的模型感到满意,随着就要对组成部分的失败率进行评估。通常,某些组成部分是全新的,或者从没在这种特殊情况下使用过。它们的性能参数必须由专家来判断评估。因此即使模型系统的组成部分也不是直接根据实际经验而是根据知识的直觉来揭示的。

当要决定这种直觉的可靠性时,我们必须牢记两个方法论问题。

一是专家们头脑中的知识不一定是按照风险评估者所需要的形式来
组织的。一个技工或一个心理顾问可能有过很多处理机械故障或心
理危机的经验,但是却不一定能把这些经验用一个二变量概率分布
总结出来。二是在寻求定量性判断时提问的方式能很大程度地影响
着答问者所给的答案(Poulton,1977)。表 2.3 显示了在询问非专业
人员有关不同潜在的致死原因时四个等效的提问形式所得的不同结
果。把这些答案转换为一个统一的单位其结果揭示了不同形式下对
风险认识的显著的不同。人们怀疑并担心专家的判断是否有着类似
的问题(Fischhoff,Slovic,& Lichtenstein,1981)。

表 2.3　被问者在不同的提问形式下对致命性问题的判断:几何均数

状态	每十万人的死亡人数				
	估计 致死率	估计死 亡数量	估计 存活率	估计存 活数量	实际 致死率
流行性感冒	393	6	26	511	1
腮腺炎	44	114	19	4	12
哮喘	155	12	14	599	33
性病	91	63	8	111	50
高血压	535	89	17	538	76
支气管炎	162	19	43	2 111	85
妊娠	67	24	13	787	250
糖尿病	487	101	52	5 666	800
结核病	852	1 783	188	8 520	1 535
汽车事故	6 195	3 274	31	6 813	2 500
中风	11 011	4 648	181	24 758	11 765
心脏病发作	13 011	3 666	131	27 477	16 250
癌症	10 889	10 475	160	21 749	37 500

　　注:调查者分别给四个实验组以下问题:(1)估计致死率:每十万人中,多
少人死亡?(2)估计死亡数量:若干人患此病,多少人死亡?(3)估计存活率:
对于每个死亡的人,有多少人感染但是存活了?(4)估计存活数量:若干人死
亡;有多少人患病但是存活了?以便比较回答者对(2)、(3)、(4)问题的答案被
转换为每十万人的死亡人数。

揭开因由的需要

一些现象需要很长时间来积累足够的样本,而另一些现象则需要很长时间才会发生一次。例如,大多数致癌物被假设需要 15 到 30 年的时间才能显现出对人体的影响。如果一个物质被释放到环境中去,到我们发现了我们的行为后果(或他们的行为后果)的时候,可能为时已晚了。

问题在于在这样长的一段时间内对于那些接触有关致癌物的人,其他事情也在同时发生。他们在家或工作中接触其他致癌物,他们营养可好可坏,他们经历医学实验和治疗。我们需要用流行病学模型来理清这些关系。很多不同的模型做了不同的简单化的假设,有时,也得到不同的结论。无法收集到足够的,可信赖的数据使得流行病学永远无法回答这样的问题,如健康状况如何随着不同时间对有害物的接触的变化而变化?吸烟者特别敏感吗?简单的改善策略,如大雾警报时待在室内等,能起作用吗?(Calabrese,1978;Kozlowski,Herman,& Frecker,1980;Marx,1979)。像图 2.3 所建议的那样,即便在一些悲剧性的事故中,对人们所接触的有害物的剂量已经有了粗略的定量,但这些事故仍然不能对所提出的问题以明确的答案。

一个替代人体长期观察实验的方法是在给动物以大剂量(根据体重)可疑致癌物后对动物进行短期观察。但是实验结果通常因为种种原因而引起争执,原因包括致癌率往往由于动物物种、处理方法、或每笼动物的数量而变化;有时癌症的总发生率相同,但是癌症的类型却不同;动物所使用剂量要比人所实际受到的剂量高得多;在动物饲料中存在着微量的致癌物;从动物到人的推论存在着问题;实验室操作不规范(Ames,1979;Carter,1979;Holden,1979;Knapka,1980;Smith,1979)。

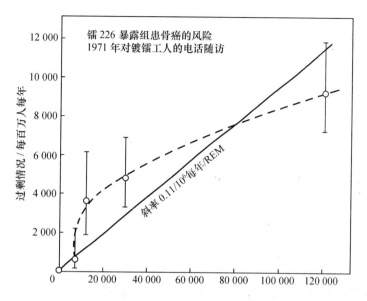

图 2.3　所观察到的骨肿瘤病例的增加与平均骨剂量水平的对应关系

　　受到照射的是在 1915—1935 年间给手表镀镭的工人。大的误差条反映了数据的不确定性。目前还不清楚哪一个能更好地描述这些数据,是一条没有阈值的直线还是一条有阈值的曲线。如今大部分人受到的照射剂量都在 10REM 平均骨剂量以下。因此,是实线正确还是虚线正确非常之关键。前者预测任何照射剂量都将造成危害,后者建议在 10 000REM 平均骨剂量以下的死亡率没有增加。这个图本身没有提供对问题的答案(这张图和它的解释来自于国家科学院离子放射物生物影响委员会的报告,1972)。

对后果的进一步阐明

　　了解关于事件的影响的一些基本事实可能仍然不足以使人们对事件的后果有全面的认识。假设 1 000 年的环境模型表明在后半个世纪世界的平均温度将改变 3 到 4 摄氏度,在两极温度的增加最大。　**20** 不同纬度间的温度差的减少将会减少大气和海洋循环(美国能量部门,1979;世界气象组织,1978)。这一信息不足以使我们对温度改变的真正深远影响有准确的认识,何况我们实际所得到的信息的质量还远远不如这一假设的信息。生活在这个世界中,并不能保证我们能够理解在这个世界中任何参数改变的所有意义(如,平均年龄的增加,残疾人的百分比的增加,或者燃料价格的增加)。我们可能没有认识到社会老龄化能导致社会安全系统破产,或者温室效应可能会使严寒消失以至于虫灾在一些地区泛滥,或者发生在核电站的一个无伤亡的严重事故可能严重摧毁对核能源的信心最终导致突发性能量短缺。这些第二级或第三级的影响一旦被提及看起来是显而易见的,但并不意味着一开始它们便能被认识到。国家科学研究院对热核战效应的研究推断预期的地球臭氧层的减少不会危及生存者的食物供给,因为许多农作物能够在增加的紫外线放射中生存。然而,外部评审揭示所增加的放射性将使得人们不可能在这些区域耕作农作物(Boffey,1975)。

总结

对风险问题的实际情况的认识因多种复杂性及细微的科学问题而复杂化了,前面部分所提供的只是范例。一个解决可接受风险问题的综合途径是首先认识了解风险的过去、现在和将来的困难性,然后去解决它。在后面章节我们将看到,一个方法对不确定性问题的处理可能会影响到它解决可接受风险问题的结果。

评估价值的困难

面对不易变的价值观

一旦我们了解了一个事件的影响,我们必须评估我们对这一影响的期望度。我们期望它发生吗？我们期望它发生的愿望有多大？这些问题看起来像是独立直觉的最后障碍。谁能比一个人更了解他或她自己喜欢什么？当一个人考虑简单的、直接经历过的熟悉的事情时，我们可以合理地假设他们能做出很好的明确的判断。但在另一些情况下可能就不是这样了，比如面对新呈现的、全球性的、与二氧化碳引起的环境改变、核熔化或基因工程等的隐患有潜在联系的后果时，我们的价值观可能是矛盾的，未经深思熟虑的。例如，当我们考虑风险的可接受水平时，我们可能不熟悉在这些讨论中所用的术语（如，社会贴现率、极小概率、百万人死亡）。我们可能会有矛盾的价值观（如，一方面我们对于灾难所带来的生命的损失有着强烈的不容忍，另一方面死亡500人的飞机坠落事故比起死亡300人的事故并不会给我们的情感带来多一份的沉重）。我们可能在生活中扮演着不同的角色（家长、工人、孩子），每一个角色都能产生明确的但却不相同的价值观。我们可能在不相兼容的却非常坚定的立场间摇摆（如，讲话的自由是不可侵犯的，但是独裁运动不应有讲话的自由）。我们可能甚至不知道该如何开始考虑一些事情（如，染头发和20年后的微小的癌症风险之间的适当的权衡点）。随时间的变化（也就是，在我们即将做出决策或者面临结果之时）我们的观点变化得如此之大以至于我们背离了我们真实的观点。 **22**

优秀的技术分析可能告诉我们什么是预期的第一级、第二级、第三级后果，但不能告诉我们这些后果的真正涵意。在一定程度上，我们都是自己的经历的囚犯，不能想象我们的世界、健康或关系会发生戏剧性的变化。潜藏的臆断限制了我们想象力，比如，在国外的文明中或监狱中会是怎样的呢？这种思维使一些核能的反对者宣称由于我们没能抓住储存放射性废弃物的时机就必须放弃整个核能工业。没有最基本的理解，是不可能制定明智决策的。

掌控易变的价值观

当人们不知道或难以决定他们想要的是什么的时候,启发的方式可能严重地影响着答问者直接或间接地表达出的价值观。其结果是,科学家、政治家、商人和媒体表达事物的方式可以导致随机误差(通过迷惑回答者),系统误差(通过暗示什么是正确的回答),或者过度极端的判断(通过建议某一观点的明确性和一致性,而实际上并不肯定如此)。在这些情况下,提问的方法变成了信息。如果得到的答案被用于指导政策,那么它们可能会导致有违决策制定者的利益的决策,导致本应谨慎行事却做出了鲁莽行动(或相反的),或者导致未经认真构想和阐明的令人疑惑的观点。

一个极端,但却常见的状况是我们对一个事物没有自己的观点而自己却不曾意识到这一点。在这样的状况下,我们的回答可能是出现在我们头脑中的第一件事,然后我们会致力于维护这个答案,同时压制其他态度和不确定性。其结果是,我们可能会坚持冲动的或陈腐的回答。即便在一些有广泛争议和含糊不清的议题的调查中拒答率也是低的,这说明了无论对怎样的问题大多数人都能提供一个答案。然而这些答案可能只反映了参与的愿望而不一定反映了坚定的观点(Payne,1952;Schuman & Presser,1977)。

早在一个世纪以前实验心理学就已经认识到启发方式能够从多方面影响答问者的答案。早期的心理学家发现对同样的物理刺激(如,这个音调有多高?)取决于所给的选择是越来越强烈还是越来越微弱,所给的选择是同样的还是不同的形式,回答者须做出一个还是多个判断可能会有不同的判断。甚至当问题的表达形式相同时取决于答案选择是数字式的还是比较式的(顺序的),问卷说明中是强调速度还是准确度,所给的答案选择是有限定的还是无限定的,答案

23

的标码是文字式的还是数字式的,这些都会导致我们做出不同的判断。

这些影响同样存在于对价值的判断之中就像它们存在于对声音、重量、味道的判断之中一样。这些影响的范围可能说明对于判断的研究是困难的甚至是不可能的,但是进一步的调查揭示了各种因素对判断的影响有着相当大的潜在的规律性。Poulton(1968)发现了六个"新精神物理学"的"规律"。这些规律揭示了对一个物理刺激的判断是如何依据启发方式的不同而发生着系统性的变化。我们没有理由认为对于内心状态的判断(对后果的期望的判断)不受这些因素的影响。

推断价值

判断对启发程序是敏感的,因为一个答案的形成总是包含了一个推论的过程。当面对一个既没有习惯也没有传统来为我们提示答案的问题时,我们必须决定我们的哪些基本价值与这一问题有关,在做判断时我们应如何应用这些基本价值,每一个基本价值应占有多大的分量。除非人们曾经对这一问题有过深入的思考,否则很自然地会转向提问者要求提示。表2.4总结了启发者的机会。第一步是决定是否有提问的必要。以这样的基本方式,启发者对回答者的价值观进行冲击。通过询问对婚前性行为、异族通婚、每日祈祷、言论自由或资本主义的衰落的看法,启发者也许能使以前不被大众所接受的事情合法化或对回答者以前坚信不疑的事情提出质疑。民意测验通过直接的或间接的问题帮助我们决定国家的议程(Marsh,1979)。广告通过引发我们的问题(两个门还是四个门)并巧妙地给出问题的答案(越多越好)来帮助我们设置个人的处事方针。

表 2.4　启发者可能影响回答者对价值的判断的方法

限定事件	改变回答者的看法
存在问题吗?	改变明显的观点
相关的选择方法和结果是什么?	改变观点的重要性
应如何标记选择方法和结果?	选择调查时间
应如何评估价值?	改变对所表达价值的自信度
这个问题应该被分解吗?	改变一致性的明显程度
	改变回答者
	扰乱现存的观点
	创造观点
	深化观点

资料来源:Fischhoff,Slovie,& Lichtenstein,1980,p. 123。

　　一旦一个问题被提出就必须给它贴上一个标签。缺少严格的评估标准,这样一个象征性的标签可能就非常重要(Marks,1977)。虽然流产的事实持续存在,但是将它贴上或揭去"谋杀"的标签会影响人们对它的态度。经济学、心理学或人类学术语的使用可能引发特殊的思维方式和伦理的标准(Ashcraft,1977)。当一个选择是有 0.25 的概率输掉 200 美元的赌博(有 0.75 机会不输掉东西)。一个是确定的 50 美元的损失,大多数人会选择赌博;尽管如此,当确定的损失被叫做"保险费"时,大多数人将选择损失 50 美元。当这两种表达方式出现在同一个人面前时,许多人会改变他们的选择。表 2.5 显示了一个标签如何转变一个医生的选择,与计划 B 相比,大部分人更喜欢计划 A,与计划 C 相比,大部分人更喜欢计划 D,尽管在形式上 A 和 C,B 和 D 是等价的。作为标签挽救生命及失去生命激发了人们对同一个问题的极其不同的反映。

24

表 2.5　两个精选问题的公式表达

设想美国正在为一场不寻常的亚洲疾病的爆发做准备,这场疾病预期会死亡600人。已经建议了两个可选择的方案来抵御这场疾病的爆发。假设这两个方案有下述后果:

　　如果方案 A 被采纳,将挽救 200 人。

　　如果方案 B 被采纳,有 1/3 的可能性将挽救 600 人,并且有 2/3 的可能性无一幸免。

您会采用哪个方案?

设想美国正在为一场不寻常的亚洲疾病的爆发做准备,这场疾病预期会死亡600人。已经建议了两个可选择的方案来抵御这场疾病的爆发。假设这两个方案有下述后果:

　　如果方案 C 被采用,将死亡 400 人。

　　如果方案 D 被采纳,有 1/3 的可能性没有人死亡,并且有 2/3 的可能性600 人死亡。

您会采用哪个方案?

　　资料来源:Tversky & Kahneman,1981。

　　人们依靠心里闪过的念头来解决问题,包括那些牵涉到自身价值观的问题。他们的推论过程越细致、越严格、越有创造力,他们的考虑就越全面。推论过程越简短,人们就越容易受到那些最易出现的念头的影响。念头的出现可能取决于其重要性,但是也取决于其与问题的相关性,以及其他与问题的重要性无太大关系的种种因素如问题排列的顺序、想象力、真实性等等。例如,Turner 和 Krauss(1978)观察到在两个同时进行的国家调查中,首先回答与政治分裂相关的六个项目的人们对国家体制表现了较少的自信。Fischhoff, Slovic, Lichtenstein, Layman 和 Combs(1978)发现当人们刚刚完成了对一项技术的利益的评估时,往往较易接受这一技术带来的风险;反之当人们刚刚完成了对这一项技术的风险的评估时,往往表现出较难接受这一技术带来的风险。Wildavsky(1966)提出,提问时过度强调个人价值的行为可能会压制被调查者的社会价值,例如可能问的是他们个人的价值观而不是根据某些相关的伦理道德他们应该怎样(Tribe,1973)。甚至改变提问的时间也可能影响个人的见解。让我们考虑一下通常在深夜观察世界的人们和他们的被疲劳所扭曲的有关生存的决策。人们能相信这些决策吗?或许人们应该更信赖在明亮的春天的正午自己对生活的观察。

价值观的演变

如果能够说出哪个关于价值问题的表达是正确的将是非常令人安慰的。确实,现有一些规范和程序可以帮助识别蓄意混淆和带偏见的陈述(Payne,1952;Zeisel,1980)。尽管如此,如果回答者从一开始便没有一个有逻辑性的观点或者根本就没有自己的观点,没有程序能确保一个精炼的答案。考虑问题的不同的角度可能持续引发无法达成一致的观点。生命对任何人来说都太短暂太复杂了,以至于人们不可能对民意测验专家或决策制定专家提出的每一件事情都有一个明确的选择。

当提问者必须获得答案时(如,因为听取公众的意见是法定要求的),他们别无选择地必须通过启发程序来指导回答者如何看待问题并且详细地说明各种不同观点的实际含义和逻辑。在这样的会见中提问者操纵被问者的可能性是很显然的。与答问者长时间的交流对很多调查者来说是一件令人伤脑筋的事情。然而,没有人能宣称通过讯问一套复杂的观点的一个方面或一套不完整的观点可以满足回答者的最大利益(即,让他们按自己的想法回答问题)。

就像讨论和分析能帮助人们形成价值观一样,经验同样也可以。在一定程度上,通过以最大的努力制定最好的决策然后拭目以待决策的结果使我们开始对复杂的问题有所认识。在过去10年中人们对环境态度的改变至少部分的反映了二次世界大战后一个阶段内昂贵的艰难的学习结果。

总　结

价值问题的存在不保证任何人都能有一个明确的答案。问题总是以某种方式被提出的，相应的观点可能受提问方式的影响。一个解决可接受风险问题的途径是承认它们不可避免的涉及价值观，承认不确定性可能存在于我们的价值观和我们的实际知识的周围。当然，可以通过设计一个方法来帮助我们认识什么是我们想要的。

人的因素的不确定性

人们在创造了技术的风险的同时也制定了管理风险的方案。人们决定他们的需求，接受可以满足这些需求的技术，评估这些技术的风险和收益，明智地或不明智地应用这些技术，在出现问题的时候抓住或丧失了补救的时机，诸如此类。作为消费者、投票者、立法者、管理者、操作者和促进者，人们塑造了一个包容技术的世界从而决定了这些技术带来风险的程度。要解决可接受风险问题必须通过下述手段对人们的行为进行假设：（1）预测非专业人员对他们所面对的风险的理解和反应。（2）评估决策制定者关于风险分析建议的自信度。（3）评价在有限的数据之外专家所做出的技术判断的质量。

我们不难发现应用在人类行为讨论中的两个截然相反的假设。一个假设是人们对问题的理解是非常清晰和理智的（正如经济学原理所定义的那样）：他们充分利用市场，可靠地处理带有危险性的事物，对申诉和早期征兆敏锐地做出反应。与之相反的假设是人们是无知的、不通情理的、并且不理智的：他们拒绝相信可靠的技术分析，在政治辩论中互相诽谤,人们需要更为知识化并用科学的方法取代现有处理问题的方法。一种常见的折衷的假设是人们在他们的消费决策中得心应手,但是对更广泛的历史、政治的、经济上的问题却缺乏理解。

政治因素是导致这些简单化的、相互对立的假设存在的一个原因。那些想让普通公众积极参与可接受风险问题讨论的人们需要说明这些公众是有能力的,而另一些人则需要通过说明公众的无知来证明专家和政治精英是正确的。第二个原因是理论上的方便,要用模型来描述那些时而精明时而短视的人是非常困难的。由于推测人的本性,并创造一些支持性的证据是如此之容易使得人们也许并不总是强烈地认识到系统性观察的必要性。好的社会理论如此之少是因为取得拙劣的社会理论是如此之容易(Hexter,1971),然而,对于人类行为的推测,就像推测化学反应一样,必须基于证据。错误的假设很可能导致不愉快的结局。更重要的是,错误的假设能使普通公众和专家及他们各自在决策制定过程中的角色神秘化,不能证实他们的作用就可能意味着在一定程度上的独断。

公众理解问题的准确程度

粗略一看,评估公众对风险的理解力看上去非常直接了当。只需要问这样的问题,核熔化的概率是多少?或每年有多少人死于与石棉相关的疾病?或系安全带将如何影响您一年内避免因车事故而死亡的概率?我们可以把答案与现有最佳的技术估计作比较,与技术估计的偏离可以被当作回答者无知的证据。

不幸的是,启发程序对人的价值观的误导可能同样有效地影响了人们对风险的判断。例如,表2.3显示了答案形式的选择如何极大地影响着回答者对致死率的评估,相似地旁观者可以看到研究人员如何通过他们所选择的方法来影响回答者的行为选择。此外,简单地记录专家和普通公众对风险预测的差异可能不足以让我们最大程度地理解以这样的差异来促进社会决策的制定。较明智的策略可能是设法获得各种有关风险的信息：（1）它的物质属性是什么？（2）所观察到的现象是什么？（3）这些现象对每一个人意味着什么？（4）它们与直接的经历是相抵触的？相支持的？还是被掩盖着的？（5）人们对这些信息有没有直觉的体会？（6）如果他们的直觉是错误的，造成误解的本质原因是什么？误解的后果有多严重？（7）自然的经验能揭示误解并促进改进吗？

本质上，这些问题反映了人们是否具备足够的认知技能以处理他们所接收到的信息。现有的研究表明这些技能还远不完善。人们似乎缺少处理复杂的难题所需的直觉和认知能力。结果，他们求助于经验把这些问题简化为较为熟悉的形式。从好的方面来看这一策略具有相当大的适用性，用这一策略人们总是能给出答案，而且答案常常还是比较准确的。盲目使用这一策略可能促成错误的判断，而且，这一策略应用起来简便轻松从而阻止了人们去寻求更好的方法（Slovic，Fischhoff，& Lichtenstein，1977；Tversky & Kahneman，1974）。

图 2.4 显示了一项有关普通公众对美国 41 种死亡的绝对发生率的估计的调查结果。被调查的人事先对这一问题都有一定的基本知识。这些人对大部分死亡的相对发生率都有一个较好的概念，而且，在不同的启发程序下所得到的排列顺序很相似，这说明了公众用于衡量不同死亡的发生率的标准是一致的。然而，被调查者低估了最高和最低死亡率之间差异的幅度：根据被调查者的主观估计最高和最低死亡率之间的差异介于三到四个数量级之间，而统计表明它们的差异在六个数量级之上。此外，被调查者过高估计了那些触目惊心的、并且容易想象的死亡事件的相对发生率（如，杀人、事故）。通常，这些正是被新闻传媒过度曝光的事件（Combs & Slovie，1979）。

28

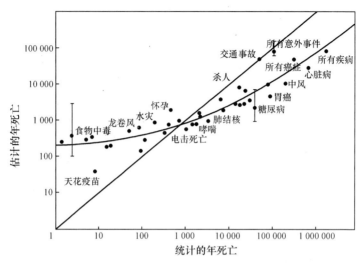

图2.4 对41种死亡估计的和统计的年死亡率之间的关系

　　如果估计的和统计的年死亡率相等,数据将落到直线上。这些点,及其回归曲线代表了众多被调查者的平均答案。虽然被调查者基本上是正确的,但是他们的判断有着系统性的偏差。为了表示被调查者在判断上的一致程度,我们用垂直的短线条来表示对食物中毒、糖尿病和所有的事故在25%和75%的判断值。50%的答案落在25%和75%之间的区间里。对其他37种死亡的答案有着相类似的偏差范围。

　　资料来源:Slovic,Fischhoff,& Lichtenstein,1979。

人们发现对技术事故的估计也有着类似的结果(Slovic,Fischhoff,& Lichtenstein,1979)。

　　被调查者的表现是好还是坏?考虑到这些人既不是有关风险方面的专家也不掌握全面完整的信息,结论也许是它已经是我们所能期望的最好结果了。在准确地认识给人以误导的不完整的信息之下也许**29**存在着另一个明显的判断偏倚:人们喜欢把自己看成是对危险具有免疫力的。大部分人都相信自己的驾驶技术比一般人的要好(Svenson,1978),活过80岁的可能性比一般的人要高(Weinstein,1979),在操作工具时受伤的可能性比一般的人要小,等等。虽然这些观点明显地不切实际,但是根据每个人的经历,这类风险是很小的。让我们考虑一下驾驶汽车：一个蹩脚的驾驶员无论他把车开的多么快，怎样紧随前面的车辆，诸如此类，在一次又一次的旅行中，他却不曾发生事故。这种个人经验使人们认为自己的技术特别高超并认为自己很安全。而且，新闻媒体所报道的事故总是发生在他人的身上。我们希望人们能超越自己的思维和信息的限制，然而，做不到这一点并不意味着人们没有能力为自己做决定（Slovic，Fischhoff，& Lichtenstein，1980）。

能为公众提供更全面准确的信息吗？

如果事实上公众已经能很好地吸收不完整的信息，那么如果为他们提供更充分的相关信息他们的表现可能会更好。当然，许多技术信息来源于技术界。许多因素会导致专家不能很好地与公众交流信息。专家不能毫无保留地将所有的信息提供给公众的一个原因是怕这个信息可能会引起公众的恐慌，因为传播信息不是专家的职责，另一个原因是专家的相关利益令他们缄口（Hanley，1980）。

如果听众注意到某专家讲述的故事是不完整的，他们可能会对专家产生怀疑并且可能会夸张专家所做的报告的不充分性（如果我发现了那个被掩盖的事实，还有多少被掩盖的事实未被我发现呢？）。然而，这种情况只有在公众发现了被掩盖的事实时才会发生。一些证据表明通常我们看不到的也就想不到。例如，Fischhoff，Slovic 和 Lichtenstein（1978）曾经介绍了描述汽车不能启动的原因的不同版本的图表。与完整的图表（图 2.5）比较在这些版本中某些部分多多少少地被删去了。当要求对图表的完整性进行评估时，回答者对被删除部分的反应是非常迟钝的。甚至一些图表被删去了一些主要的，众所周知的导致汽车不能启动原因，如点火或燃料系统障碍，回答者对其完整性的评价也仅有小程度的降低。

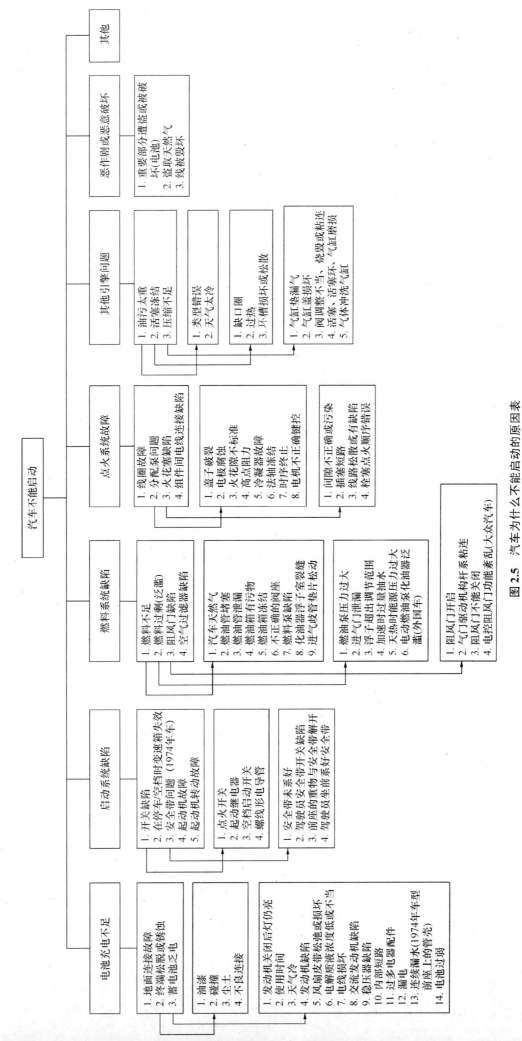

图 2.5 汽车为什么不能启动的原因表

资料来源：Fischhoff, Slovic, & Lichtenstein, 1978, p.331。

某些技术的风险和利益并存,专家也可能会加重人们拒绝接受与这些技术相关的不确定性的倾向(Borch,1968;Kahneman & Tversky,1979;Kates,1962;Lichtenstein & Slovic,1973)。为了降低这种不确定性,人们可能坚持陈述事实,而非可能性。就在听取一个一流的专家小组报告环拉酸盐有95%的确定性不会引起癌症之前,前食品药品监督管理局专员 Alexander Schmidt 说:"我要寻找的是一个明确的健康法案,而不是一个含糊不清的、不确定的关于环拉酸盐的答案。"("徘徊在环拉酸盐中的疑虑"(Doubts linger on cyclamate risks),1976)。同样,当 Edmund Muskie 讯问到污染物对健康的影响时(David,1975),他倡议"单臂"科学家,即那些不作"在一方面,证据显示的是这样的,但在另一方面……"一类的回答的科学家。Lord Rothschild(1978)已经注意到英国广播公司(BBC)不想让他们的听众被技术评估值的置信区间所烦恼。在这种环境下,过度自信的准备超出数据给予肯定的回答的单拳辩论家,可能会暂时从那些两面兼顾的学者手中赢得胜利。提供给人们他们通常想要的简单结果的诱惑力会是很大的。

社会和心理的程序帮助我们对濒临灭绝的物种作全面平衡的陈述。法律的局限性(Bazelon,1980;Piehler,Twerski,Weinstein,& Donaher,1974),政治上的紧迫性和新闻媒体的煽动都促成了对立的双方对相对可靠的科学证据的漠视(Mazur,1973)。目睹那些喊叫竞赛公众可能会开始怀疑这些专家,公众也可能会认为既然专家们的意见都不一致,那么他们的意见也不见得就会比我的好(Handler,1980)。对三里岛事件的处理的一个正面的评价是它不只限于让公众全面了解关于安全性的相互冲突的主张,并且用通俗的语言帮助公众认识核能产生的过程和技术争论的来由。

寻找合理性

可能关于人们行为最合理的假设是任何明显的疯狂行为都有一定的来由。如,Zentner(1979)曾指责公众对癌症担忧程度的增长比实际癌症患病率增长的快。一个合理的解释可能是人们认为过去我们对癌症的关注太少了(我们对急性危害如交通安全和传染病的关注使我们忽略了悄悄逼近我们的癌症)。第二个是人们可能意识到某些癌症是死亡率升高的唯一主要原因。在缺少充分证据或对证据曲解的情况下视技术的倡导者为邪恶是无益的,在同样的情况下视公众为无知和不负责任也是无益的。

其他不理智的行为可以归因于对形式上不合理的目标的理智追求。例如,人们可能会拒绝在提议者看来是合理的问题的限定。设想一下一个反对增加能量消费的人所要求回答的问题却是选用什么能量来源和能源设施的设置地点。对这样限定相对狭窄的问题的回答等于默认了能量消费增加这样更广的限定。在这样的情况下此人除了谩骂、无目标地攻击、挑错、嘲笑之外别无选择。

另一明显的不合理性来源于对合理性本身的反对。在这本书中讨论的关于可接受风险决策的方法作了这样的政治意识形态的假设,即我们的社会有足够的凝聚力并且有共同目标,因而它的问题可以通过理智来解决而不需要斗争。虽然很多人会赞同这种快速切入正题的倾向,但是那些相信决策制定过程应该动员公众意识的人是不会满意的,他们可能会有意识地对在他们看来是狭窄限定的合理性进行攻击。

专家是会犯错误的

研究结果和以往的事例揭示外行判断的失误通常被用作减少外

行在风险评估过程中作用的依据（如，Bradley，1980；N. Howard & Antilla，1979；Segnar，1980；Starr & Whipple，1980）。这一主张通常假设专家对判断偏倚是免疫的。当然，大量的知识资本使专家知道去哪里寻找信息以及如何认识可能的解决方法（De Groot，1965；Larkin，McDermoot，Simon，& Simon，1980）。然而，在许多风险问题中专家被迫超越有限数据的限制把他们不完整的知识转变为能被风险评估者使用的判断。这么做，他们就可能像外行人一样要求助于直觉的过程。下面介绍的是一些研究的证据，在这些研究中科学家本可以计算出事件的概率（如果他们精通统计学理论和拥有大量的专业知识）但是他们却选择依赖他们的直觉。

对样本大小的不敏感 在题为"相信小数字的规则"（Belief in the Law of Small Numbers）一书中，Tversky 和 Kahneman（1971）指出精通统计的人可能期望小样本对它们所在的群体有相当程度的代表性，而作这样的假设实际上需要大得多的样本。其结果是，他们把研究的假设建立在小样本上，对早期数据的趋势过度自信，并低估抽样变化在使结果偏离期望值中所起的作用（反之却用别的原因来解释结果偏离）。在对血液学标准教科书的一项调查中，Berkson，Magath 和 Hurn（1939—1940）发现两个连续的血细胞计数间的最大允许误差设定得如此之小，以至于通常 66%—85% 的情况下误差会超过这个标准。令他们深思的是为什么教师通常报告他们最好的学生却最难达到所要求的标准（令参见 Cohen，1962，1969）。

对偶然性的误用 能在噪音中鉴别出有效信号是一个至关重要的科学直觉。Chapman 和 Chapman（1969；和 Mahoney，1979）发现科学家的期望可以是如此之强烈，以至于他们甚至能在随机生成的数据中发现所期望的信号。一个对应的倾向是建立一个复杂的理论而

33

后只要稍有一些创意就可以把任何在想象之中的数据解释为是与这个理论相一致的（O'Leary，Coplin，Shapiro，& Dean，1974）。同样的问题甚至存在于验证相对成熟的理论如错误树分析。错误树分析和事件可以是如此的复杂以至于人们无法分辨所观察的事件是否真正归属于分析中设置的某一个类别。

当科学家尚无理论而仅仅是根据被观察到的重要数据来推断所发生的事情时，情况会截然相反。当然对于一组特定的事件（如，环境灾难）只要有一组足够大的可能的解释变量（前提条件）人们便能设计出一个理论，用它回过头来对事件进行足够精确的预测。采用拥有过多参数的模型的代价是缩小了模型的适用范围，即所建立的理论不适用于新的数据样本。频繁的有关"过多相关性"的忠告表明这种偏倚即便对经过长期训练的专家也是难以避免的（Armstrong，1975；Campbell，1975；Crask & Perreault，1977；Kunce，Cook，& Miller，1975）。即便人们对这些问题已有警觉，要评估在何等的程度上人们误用了偶然性仍是很困难的。例如，作为一个毒理学者，您"肯定"接触某一化学物对人们的健康是有害的。您将在某一工厂工作的工人中与这一化学物接触的一群人的膀胱癌的发生率和不与这一化学物接触的一群人的膀胱癌的发生率进行比较，您没有发现不同。因此您又尝试肠癌、肺气肿、眩晕……直到您最终在皮肤癌的发生率上找到了显著的差异。那个差异是有意义的吗？当然，测试这种解释或理论必须通过新样本的重复再现。不幸的是，人们很少完成那一步骤，再说从技术和伦理的角度出发这一步骤也常常是无法实现的（Tukey，1977）。

向均数回归 当人们观察从有恒定的均数和变量的群体中随机抽出的一个事物时，不极端的观察值往往出现在较为极端的观察值之后。向均数回归的重要性从统计的角度来看是显然的,但却往往是不直观的(Kahneman & Tversky,1973)。令人失望的 Campbell 和 Erlebacher 的"相似试验评估中的回归的人为假象(regression artifacts)如何能错误地使补偿性教育看上去有害"一文体现了专家在对这一事实认识上的不足。重复测验,原来较好的学生往往表现得较差。相似的问题会发生在所询问的问题很有限时,例如当询问这样的问题环境管理项目是否削弱了强大的工业或者降低了经济最健康地区的生产力。

判断证据的质量 否认判断误差存在的可能性也许比误差本身更大地妨碍了有效决策的制定。就像在下面我们要讨论的那样,即便输入的信息存在着缺陷,只要认识到这些错误存在的可能性决策制定仍可以进行。但是面对专家权威提供的信息,或许无人有足够的博学来纠正其中的误差或发现其中无根据的假设。因此专家必须对他们自己的判断的质量进行评估。很多研究说明外行人对他们自己过于自信,以至于由于他们的自信,他们会接受对其极其不利的赌注。而且,这种偏倚似乎受规程、对工作的熟悉程度、提问的形式和各种形式的提示影响很小(Fischhoff, Slovic, & Lichtenstein,1977;Lichtenstein, Fischhooff, & Phillips,1977)。一个主要的问题看上去是对信念所基于的假设的永久的有效性缺少敏感。表2.2 提供了一些相似的专家感觉迟钝的证据。图2.6 显示了专家过于自信的其他例子。问题不在于得到了错误的答案,而在于没能认识到误差的可能性有多大。刘易斯委员会(Lewis Commission)在总结他们对反应堆安全性研究的评审时,写到尽管那一研究取得了巨大成果,但是"我们肯定研究的误差未得以足够的体现。我们不能肯定被低估的误差到底有多大。结论的根据包括不充分的数据,不科学的统计处理和对不确定性累积计算的不一致性"（U. S. Nuclear Regulatory Commission，1978，p. vi）。

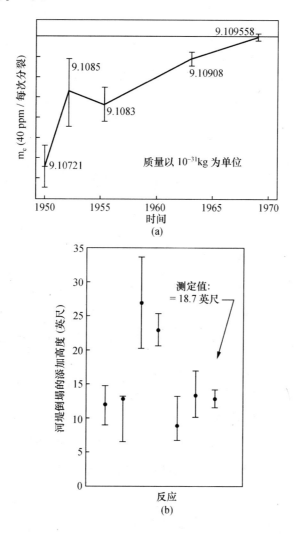

(a)

(b)

图2.6　专业判断过于自信的两个例子
　　过于自信是通过包含正确值的误差条的失败所表示的。（a）剩余电子质量的估计。（b）对河堤能够倒塌的高度的估计。感谢 Max Henrion 的图（a）。
　　资料来源：（a）来自 Taylor，1974；（b）来自 Hynes & Vanmarke，1976。

总结

无论它们以怎样的数学形式出现,可接受风险的方法是针对人的。作为一个决策制定的辅助方法,它必须对人的行为进行假设,特别是要对专家、外行人和决策制定者的知识进行假设。当人们没有认识到这些假设或这些假设有误差时,它们会导致错误的决策和政治程序的扭曲。

评估决策质量的困难性

前面的四个部分已经说明了不确定性会怎样地围绕着可接受风险的决策:它们的限定、它们所采用的事实、它们所评价的价值,以及它们所描述和服务的个体的行为。决策的总体质量是不确定性的第五个方面。对质量的评估告诉消费者他们对所使用的方法应该有多大的信心,并且告诉这个方法的提供者在做出任何结论之前他们是否应该吸收更多的信息、更全面地评估有关的价值、征求其他人员的意见、改变问题的限定或尝试别的方法。原则上,一个方法应该能够声明它们不能满足任务的要求,或者因为不确定性太大以至于不能达成结论,或者不能解决存在于某些方面的一些重要的不确定性。当一个方法不能确定它的结论的可靠性,那么它暗示的至少是最佳的猜测。

以下章节将评述一些评价决策质量的方法。

灵敏度分析

评价决策质量的常用方法之一就是灵敏度分析,这种方法在规范的研究中经常用到（详见第六章）。首先，用现有的有关事实和价值的最佳估计值对最能接受的选择做出最佳猜测。然后，用各不确定因子的其他估计值重复上述决策过程及运算，即：通过检验结论对评估中可能出现的错误的敏感度从而帮助我们确定结论的可靠性。在并不正规的决策过程中，灵敏度分析可以用下列形式来表述，登山的风险也许比我们的向导所认为的要大，但是即便如此，我还是愿意去。

要进行灵敏度分析，人们必须了解不确定性的所在及范围。比如，只有当人们了解并被有关心理学方面的发现有所触动时才会去测量由于判断偏倚所产生的不确定性。若如前所述分析者对现有知识的缺陷不敏感或过度自信，判断偏倚也会影响灵敏度分析本身的结果。

当灵敏度分析孤立地对待可能出现的问题时进一步的危害可能会出现。在这种情况下，分析者对于多种不同错误来源如何构成不确定性的感知十分有限。路易斯委员会曾提出："错误和不确定性必须明确，并且要贯穿所有后续的运算过程来揭示它们是如何影响最终结论的"（U. S. Nuclear Regulatory Commission, 1978, p. 9）。尽管每次变化的不只是一个参数，多变量的灵敏度分析是复杂而昂贵的。过于频繁的假设是，不同参数的输入误差是互相抵消而不是以另外一种迭加的方式组合在一起（Tihansky, 1976）。这个独立假设遇到质疑的一种情况是，若是按照完全相同的步骤来启发一套观点时，就会得出完全相同的推断。当要求人们以美元作为参考价值时，对环境和其他无切实价值的事物的重要性往往会被持续地低估。或者举一个启发对事实的判断的例子，核反应堆安全性研究会（U. S. Nuclear Regulatory Commission, 1975）要求其专家用"极端分位数法"对未知的失败率进行估计,取一个极端值,使得真实的失败率低于这个数值的可能性不超过5%,再取另一个极端值使得真实的失败率高于这个数值的可能性也不超过5%。对其他项目和判断的种种研究显示这种技术缩小了置信区间,系统性地夸大了估计的精确性(Lichtenstein et al.,1977)。

相关错误的重复性偏倚是常规分析的一种常见的失败。从技术的角度上看,灵敏度分析也许可以用于同时解决各种因素所导致的不确定性问题。但是从概念上,如果将应答时持续产生的偏倚当作测量错误就不恰当。而且,即便最复杂的灵敏度分析也无法应付那些不完整或者不合适的问题限定。

误差理论

另外一个可以取代针对个例的灵敏度分析的方法就是建立一个理论为决策过程中的不确定性或者局限性对其结论的影响的严重性提供普遍性的认识。例如,Kastenverg、McKone和Okrent(1976)认为风险评估通常对于处理极端样本(极端观察值)的方法是极为敏感的。因而,一个人如何对待非寻常事件将会给决策带来很大影响。恰恰相反,von Winterfield和Edewards(1973)发现当要在具有连续性的选项中做选择时(如,投资 X 美元或者增加 Y 百分值的产值),通常情况下对可能性或价值评估的中度的误差并不会对结论带来太大的影响。再者,当人们根据同样的一组因素对多种选择中的每一选择的相应可能性进行估计时(如,将攻读学位者在各种考试中的得分作为评估他们在学校成功毕业的可能性的因素),就会发现对哪一个因素更为侧重并不重要(Dawes & Corrigan,1974)。

但是,当决策是离散性的(如,运行或不运行)的时候,对可能性评估的不精确可能导致昂贵的代价（Lichtenstein et al. ,1977）。对罕见事件的可能性评估所付的代价会尤其的高。对罕见事件的可能性评估是极为不稳定的。对于罕见事件可能性的中度低估可能会将事件置于人们所关心的界限之下，以至于可能不采取任何措施甚至在将来不予监控。过高评估事件则会导致对那些本应警惕的其他方面的忽视。许多核能的拥护者都认为来自核能的风险被夸大了以至于对矿物燃料的危险性，如二氧化碳所致温室效应或酸雨，未得到应有的关注。

这些误差理论的片段使得人们能够说明哪些问题是最难解决的以及哪些结论是最值得怀疑的，所以，用于可接受风险决策的方法是要么产生自己的错误理论，要么调整自己使得现有的质量评价技术可以被应用。

收敛性的证实

Trevelyan 观察到"对历史并不完美的解读强于完全没有"。有时，当了解到某个决策过程存在问题，于是就尝试更多的方法，邀请 **38** 更多的专家参与，以期解决这些瑕疵。如果结论相同，那么我们对于决策质量的信心就应该提高；如果不同的结果出现了，那么至少我们对各种可能性有所认识。这种证实收敛性的方法与灵敏度分析的输入信息相同，但所用的整合方法不同。

此项策略的实用性决定于真正独立的方法和思维。一个自始至终存在的危险是某些概念和误解广泛存在于决策者或专家之中。对突然袭击的研究表明不论有多少专家，他们对事件的认识在本质上具有同样的不完整性（Janis,1972；Stech,1979）。从某种意义上来说专家们都是通过有限的阅读来了解情况，他们阅读的越好，结束的就

越快 (Lanir , 1978)。因而，即便专家意见或者决策方法是一致的，我们仍然需要确定他们的绝对智慧水平。一个人在某些方面知识比别人多并不是说他在这方面的知识绝对的多。图 2.7 说明了这个观点。自动机械化的初学者对于汽车的了解程度或许与"专家"对复杂技术的理解程度一样的多。一项新技术的发明并不能保证产生一批完全理解它们的专家。

39

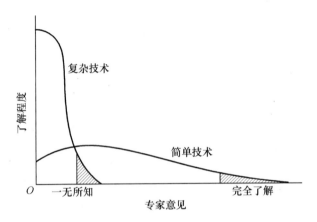

图 2.7　对于简单和复杂技术的专家意见的分布

（阴影部分表示了 5% 的人群知道的最多）

一致的结果并不一定满足人们的期望或令人放心。有些问题是如此复杂以至于没有一种合适的方法能给予确切的答案。在这种情况下，一致的结果或许表明这些方法看上去不同却采用同样的假设或带有同样的偏见。最好的完善知识的途径是交互作用，鼓励不同的原理和观点之间的相互争论与批评。重要的是发现和纠正错误而不是寻找整个问题的正确答案。先解决老的问题直到这样做阻碍了新问题的发现。没有人会指责以这样的方式统一意见是投机取巧。

然而，探索分歧会导致无法调和的情况。有时，一群专家的估计呈单一集中的分布，见图 2.8（a），图中所示的是虚拟的专家对单一参数估计的分布情况。而在另一些时候,大部分专家的估计接近一个平均值,而小部分专家的估计则接近另一个平均值(图 2.8(b))。这个类型可见于香烟的健康效应评价研究(Burch,1978)、低水平离子化辐射研究(Marx,1979)、自然铅浓集研究(Settle & Patterson,1980)。中心理论用来描述第一种情况中的意见也许比较合理,然而用在第二种情况中就值得怀疑了。因为在第二种情况中,平均值或许代表了一种并不存在的意见,而最常见值或中间值掩盖了意见的分歧。

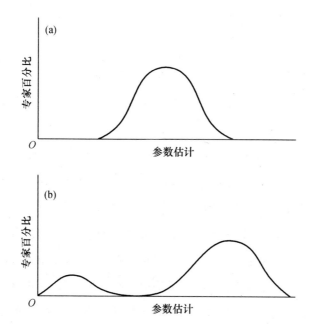

图 2.8　专家意见的分布:(a) 一致同意的事件;(b) 分裂的意见

轨迹记录

某些方法之所以被接受是因为它们有着带来良好决策的声誉。可是要想找到系统性的有关解决可接受危险问题有效研究的方法却是十分困难的。这类研究的不足也反映了在评价该方法对社会的效益上的难度。

举例说来,一个人不见得要赞同一个被广泛接受的观点。人们喜欢某种方法也许因为它代表了自己的观点,提出相同的建议,或者有利于自身发展。同样,人们也不见得要拒绝一个方法只因为它曾经带来一些明显不好的结果。我们中的批评家总是关注于那些福利诈骗以及过度管理的问题。但是任何容易犯错的决策系统都将同时产生这两类问题。一部分危害因素被过度关注,而另一部分危害因素却无人问津。事实上,这两类错误的发生率往往相互对立地联系在一起,取决于决策的质量和现有资源(Einhorn,1978)。在我们批评现有法规系统对于少数一些事例过于严格(或过于宽松)之前,我们首先应该想一想在现有的宽松度下是否仍有不少严重的事故发生。

在另外一些情况下,明显错误的决策来自于有效解决错误的问题。例如,福特汽车公司"缩减品托(Pinto)牌轿车燃料系统成本"的决策就广遭非议,尤其是当公司损失了原本协议可以得到的 1.25 亿美元之后。批评有效与否取决于决策所要解决的问题。如果是纯粹利益问题,那么在保证每一千万 Pintos 节省 11 美元的情况下,冒面对几个大宗的法律诉讼的风险还是值得的。由于重新申述后裁决缩减至 600 万美元,这样的决策在短期内也许有利于公司的经济利益(尽管公众宣传所带来的负面效应会影响公司的资本价值)。然而对这一决策的评价将有所不同,如果福特想选择最佳的方法以增强安全性例如不改变油箱的结构,并把结余转让给消费者,而消费者可以用这些资金来降低他们生活中的其他风险。

对于福特决策的评价依赖于对福特要解决什么问题的了解以及

解决结果的好坏。尽管事后对一个事物的认识成为判断中的后见之明，但其作用往往被夸大。人们老是在事情结束后夸大事前所能做出的预见。他们不仅倾向于把已经发生的事件视为不可避免，而且认为在事前便知道它是"相对不可避免的"。人们也总是相信别人应该能够比他们自己更好地预知某些事件的发生。他们甚至忘了自己当初的预测，而事后夸大其预知能力（Fischhoff，1975）。尽管相信我们总是能事先预料到那些我们事后才能知道的事情会令人愉快，但是它使我们不能充分地认识到意外和失败发生的不可避免性。申斥那些由于不可靠的系统里而出了差错的决策者，既不公平又可能搬起石头砸自己的脚，我们应该承认系统的不可靠性并采取某种措施改善这个系统。Wohlstetter（1962）说，我们应该从 Pearl Harbor 身上吸取教训，不是美国人的谍报系统不够好，而是因为我们必须"接受不确定性的存在并面对它。既然没有什么办法是完全确定的，我们工作时就不能无视不确定的存在"（p.401）。

评价决策过程方法的进一步障碍就是确定专长领域。例如，银行通常被公认为是很熟练的决策者。然而，这一声誉基本上来自于其重复安全的战术决策。对通过大量的实验——错误经验积累发展出来的统计表格的传统解释是房屋贷款的基础。银行业步入了一个更为投机的王国（如，20 世纪 60 年代的房产调查商业信贷，20 世纪 70 年代的向第三世界国家贷款），这意味着其原有的高超的方法学本领并不一定能在需要更多创新性的决策中继续发挥作用。

表 2.6 列举了更多的在决策过程评价中可能遇到的多种问题。他们来自于一项关于精神疗法的研究，旨在评价其本身的效率。

表 2.6　评价决策方法有效性的尝试及其效应

1. 某种方法中实施者已经或者正在接受培训的事实没有质量保证。完善工作保真度的评价对于被评价事物是十分关键的。	4. 某些情况下,限定"优良结果"远不同于普通事物。例如考虑短期健康和长期健康的时候。
2. 设计良好的方法也会失败,因为那些不可预知或者不可控因素发生变化。因此,"优良方法"并不等价于"优良结果。"	5. 一些方法卓越的成功之处往往不在于物质方面,而更多归结于其创造的良好氛围。这些"非特异性处理效应"包括减压、增加自信以及对问题的关注增加等。
3. 有时决策方法看上去令人满意因为它们很幸运能常被使用而不出错。几乎每个人、每种方法在20世纪五六十年代的股票市场上都赚了。因此"优良结果"也不等价于"优良方法。"	6. 轶事性评价往往因受民俗影响而曲解,并且长期以来都用随机波动来解释。
	7. 如果只看到方法所致的正向效应而忽视可能出现的负向结果或者只看到负向效应,都会曲解评价结果。

资料来源:Fischhoff(1980b)。

总结

　　为了指导社会政策的制定,任何一个针对可接受风险决策的方法都应该有能力评价其自身的局限性并使我们了解这些局限性。因为此项工作的方法学研究仍处在非常初级的阶段,我们不得不很大程度上依赖于经验和直觉。与在别处一样,这样的决定或许会把我们引入歧途,使我们对于决策质量的自信心要么太大要么太小。

事实和价值是否可以脱离?

　　这一章通篇都是建立在事实与价值有着明确界限的假设之上的。正如 Hammond, Adelman, Mazur, Marino 和 Becker 以及其他人所说,二者之间的脱离有助于为有关风险问题的争论提供一个清馨的气氛,否则这场争论将充满半真理、火药味的言论和人身攻击。哪怕是技术专家当他们超出了专业的范围、发表政治观点时,他们也可能成为派别偏见的牺牲品,他们会对他们认为可能会引起大众恐慌的事实轻描淡写,或者编造本不应被歪曲的论点。

　　尽管仔细地区分价值与事实之间的差异能够对揭示隐藏在事实下面的价值有所帮助,但这种完完全全的区分并不总是能够实现(Bazelon,1979;Callen,1976)。所谓"事实"仅指那些认为与某一特定问题有关的部分,其定义能够排除某些行为选项并且有效对其他选项进行预测。正如前面的讨论所提到的那样,先弄清楚要解决的到底是什么问题,然后还需要走很长的路才能找到答案。因此,事实的客观性经常是建立在这样一个假设之上的,即:它们反映了"正确"的问题,而"正确"应该根据全社会的利益来限定,而不是根据某个派别或团体的利益来限定的。这一章剩下的部分将检查我们的价值观是如何决定我们创造和使用的事实,以及这些事实又如何塑造我们的价值观。

价值塑造了事实

　　没有信息,想唤起公众对某个问题的关注、缓和紧张情绪以及为行动提供论证都是很困难的。但是人们制造信息通常是因为要利用它。这种利用可以是金钱方面的、科学方面的或者政治方面的。因而,我们往往是在某些人处于决定的关头认为有必要去了解某些问题时才会设法去了解这些问题。Doern(1978)提出对矿山工人命运的漠不关心导致了缺乏对开采铀矿山的风险进行研究的兴趣。Neyman(1979)对人们对于放射危害的特别关注是否限制了对化学因素所致癌症的研究感到困惑。Commoner(1979)也指责说对于石油资源的兴趣阻碍了人们对太阳能的利用。在某些情况下,知识是如此的专业化,以至于所有相关的专家都被雇用于技术的推广,而没有多余的专家去发现那些令人头疼的问题(Gamble,1978)。在讨论决策质量时我们谈到,如果一个人用心寻找某种化学物质的有害作用,单凭偶然性他也能找到一些证据。尽管类似的虚假结果通过重复的研究可以消除,但是研究的重复性在许多领域里只是例外而非规律。除此之外,某些错误研究的结果在人们意识并非像在科学文献中那样可以轻易地被消除(Holden,1980;Kolata,1980;Peto,1980)。怀疑的阴影很难除去。

法律要求是社会价值体系的表现之一,它强烈地影响着人们对现实的看法。无论交通事故发生率如何,高速公路安全法规影响了对交通事故的报告(Willson,1980)。预防犯罪项目也有类似效果,实施鼓励遇害者举报犯罪伴随而来的是夸大犯罪问题。尽管大量的医疗测试的产生并非以研究为目的,但却是建立在防御性医疗的基础之上用以防止医疗失误。对法律后果的担心也会导致信息封锁,例如20世纪50年代在牵涉到给孕产妇使用DES的事件中就发生了医生"毁坏"原有医疗记录的情况,再例如雇佣者不保留有关职业性危害的所谓"不必要"资料,以及发明者保护所有权的做法(Lave,1978;Pearce,1979;Schneiderman,1980)。

尽管对于每一个科学家个人来说他们是在建立数据,但是对于科学家和其他翻译家的群体来说是他们在通过整合数据来确定事实的(Levine,1974)。那些观点能最终从相互矛盾的信息中生存下来,一方面取决于什么是真理,另一方面也取决于那些采集特定数据并愿意相信它们的人的持续的权力。在争论中从来自两个不同方面的缜密监察提供了一个很有价值的安全保障,很可能提高分析的质量。每一方都竭力解释或消除不利于本方观点的错误内容。如果只对一方作仔细地审查,那么分析的结果将变得不平衡。因为处理一个问题需要信息资源,而谁在观念的竞争中获胜往往意味着在政治或者经济的竞争中获胜。

事实塑造了价值

价值观是通过学习(如,周末学校)、模仿或者积累经验获得的(Rokezch,1973)。我们所观察到的世界告诉我们该考虑些什么,哪些愿望是能够实现的,以及我们与其他人相处时是什么角色。科学的三棱镜让我们认识了世界,它创造了事实,并塑造了我们的世界观(Appelbaum,1977;Henshel,1975;Markovic,1970)。科学的事实让我们有时觉得自己像个乐观的摔跤者,又像社会机构中被动的服务者,又像在同自然斗争。这些科学发现的数量(以及他们的涵意的相关性)也许会降低我们的自尊,增强技术精英的力量。科学探索的主题告诉我们生命的重要性在于对人与自然的奥秘的关注,以及如何建立人际关系。一些人认为,通过引诱我们去思考那些无法解析的事物,科学会让人的道德观变得麻木(Tribe,1972)。例如,通过设定明确的人生价值来指导政策决策会侵蚀社会契约,哪怕我们的设定是含蓄的,是根据所要做的决定来设立的。

即便是有瑕疵的科学也在塑造我们的价值观。据 Wortman(1975)所说,Westinghouse 在 20 世纪 60 年代中期对首脑行动计划的糟糕评价就对人们对社会项目和自由信念的信心产生了很大的侵蚀作用。Weaver(1979)指出不管人们能在 Inhaber(1979)对不同能源的风险比较的研究中发现什么样的技术性问题,他都成功地建立了一种对核能的反对者构成威胁的观点。Page(1978,1981)解释了那些低统计学效能的毒理学研究是如何显著反映了某一社会政策对化学物的保护胜于对人类的保护。在设计这些研究的时候,人们必须要做出取舍,是避免发生错误的惊慌(如,错误地把一种化学物定为致癌物），还是避免遗漏（如，没有鉴别出某一致癌物）。通过相对小的样本对许多化学毒物进行研究既加大了发生遗漏的概率，又减小了错误预警率。当科学上的谨慎变成一种管理上的谨慎时，这些研究中的价值偏倚就迭加在一起了。

总 结

有关事实和价值的分离是思维保健的基础。如果失败就会使科学家扮演权威者的角色，而政治家扮演专家的角色。但是，承认这一原理的同时我们还必须看到当我们界定问题、选题、处理数据，以及对非科学领域的现象做出反应的时候，事实和价值是以非常微妙的方式纠缠在一起的。科学既反映了也塑造了社会条件。

45

总　　结

任何一个想回答可接受风险问题的研究都必须对付一系列的普遍性问题。包括（1）决策问题界定的含糊不清。（2）评估问题实际情况的困难。（3）那些人的价值观应给予体现以及如何获得他们的价值观。（4）实施研究的人以及提供这些建议的人在认识上的内在局限性。（5）如何评价决策过程的质量。以下章节在考虑这些问题的基础上对几个方法进行评价；每一个方法如何处理这些问题并揭示其潜在的规律；每一方法指导社会政策的制定的有效性。

46

第三章

可接受风险的方法选择：
一种决策问题

与有组织的体育运动不同,在隐患管理领域,尚未有这样一本书能将经过大量"反复试验"的经验总结成为一系列的决策准则。其结果是每个人都可以有自己的决策方式。两个人可能会在来自于某一个能源的可接受风险问题上达成共识,但是在另外一个能源的风险问题上持有分歧,正如固执的球迷在观看(或者参与)一场复杂得超出他们的理解能力的球赛。Lord Rothschild 和《自然》杂志的编辑们以及 Herbert Inhaber 和 John Holdren 之间的激烈争论表明,就算是在社会上知识最为广博的一群人中,要达到共识也远非易事。共识最可能在这样的一群人中达成,他们所关心的可接受风险的问题是他们所切身经历的。这群人包括那些既定的利益群体,他们对某些简单的决策准则有着相当的自信,比如说什么(通用汽车,土地资源的保护等等)对美国有利,这群人也包括能保证各组成部分(阀门、撤离计划等)的设计足够安全的专家们。没有统一的程序或者概念性的框架,就无从超越狭窄的问题而具备更长远的目光。虽然人们相信市场、公司、环境学家或者是工程师能在他们的业务范围内做出很好的决策,但不相信这种专业能力能用于全球性的决策,比如"该使用煤还是原子能?"人们也不见得肯定在过去的成功与失败中获得的经验教训在新的复杂情况下依然存在指导意义。行为有效规则的制定并不意味着对决策的窍门的真正掌握。

由于缺乏普遍认同的方法,我们很难了解现在的可接受风险问题的决策是怎么制定出来的。现有的方法多种,但是大多数的方法都不具备坚实的理论基础,而仅仅反映了在特殊的情况下智力、政治和经济各因素的暂时的权衡。与其去逐一描述和评价众多的特殊方法,我们决定把精力集中在少数几个原始模型上,我们相信其他的方法都可由此延伸而出。

基本上,方法可分为两大类型,程序性和策略性的。对于前者,人们创建或选择一个用于可接受风险决策的程序。一旦程序选定之后,人们所需要做的仅仅是按照其规则行事。而策略性的方法较为审慎、集中和公开化,并且具备更严密的逻辑。市场就可以被看作是典型程序性的方法,在"风险太大"的产品及行为不具备最强竞争性的假设下,它根据经济因素的相互作用做出适当的风险决策。成本—效益分析可以看作是策略性方法的一个模型。当然,策略性方法是包含于社会程序之中的,并经常为社会程序中的行为提供指导。

我们决定把精力集中在策略性方法上。程序性的方法过去应用得相当普遍,并且总的说来较易于理解,然而策略性方法是近期刚发展起来的。

47

方法的种类

尽管策略性决策的方案众多,但是我们可以把它们简短地总结为如表3.1及其后部分所述的三大系统。第四章到第六章将详细评价这些系统的方法是如何处理第二章所述的五个常见的难题,以及它们满足社会不同需求的能力。为了更好地理解各种方法的特点,我们着重于对其原始理论形式的描述。许多现在仍然应用的方法可以看作是不同原始理论形式的杂交。在实际应用中,人们也许要刻意地去设计一种杂交的方法以综合每种方法的优点。

表3.1 三种典型方法应对可接受风险决策

方法	决策者	决策原则	知识的焦点	简述
正规分析	政府	社会最佳化	既定的思维程序	正规分析的决策理论指定与公认的事实和价值最为吻合的决策
步步为营	政府	维持历史平衡	社会程序	用过去或现存政策中的标准来描述将来的行为
专业判断	技术专家	专业判断	直观思维程序	合格的专家按照专业原则做出的选择;选择可以是根据实践、行为标准及好的判断得出的

正规分析

正规分析认为智能科技可以帮助我们应付物理工艺引发的问题。成本—收益分析及决策分析是应付所有我们自己带来的麻烦的

最具成效的技术。这两种分析方法都由经济与管理学理论演绎而来,从而具备一些共同的特点:

1. 从概念上将可接受风险问题视为决策问题,也就是说,需要在不同的行为选项中做出选择。比如,成本—效益分析就需要选择每单位成本可获得最大收益的选项。

2. 分析与综合的方法论。复杂的问题可以被分解为一些简单的小单元,然后逐一研究并综合以获得总体评价。

48

3. 严格规定的决策原则。各个单元按照制定的规则结合在一起;如果人们同意分析的前提假设,那么他们就应该遵循其建议。

4. 使用同样的度量衡。当人们必须在冲突的目标之间做取舍时,决策就将变得很难。为了比较不同的结果,正规分析方法就是采用统一的单位(如,美元)。

5. 在限定问题的范围时,保持客观。这一技术实用于所有的问题,只要问题具有明确的后果、可以测量的选项及确定的决策者。

推崇正规分析的人常常吹捧正规分析严格、全面并经得起推敲。持怀疑态度的人则对这些优点表示质疑。有兴趣的观察者能否了解分析的内容?所有相关的结果与选项是否都考虑到了?难道具体应用不比理论所提示的更具局限性?批评者们还担心给知识精英太多的权力,使得分析家们很难体会到执行建议过程中的组织性障碍,而且,在中立的表象下意识形态上的偏倚也许正暗藏在这些分析的假设前提中。

步步为营法

不管正规分析具有多大的理论吸引力,分析的技术难度使得一些观察家对设计一个全面的公式以解决可接受风险决策问题感到绝望。另一种方法通过认定并沿用一个经长期演变而来的政策,无须借助于复杂的公式却同样可以提供定量的答案。这种系统方法的支持者认为,社会只有通过长期的实践才能达到利与弊的相对合理的平衡。根据过去的风险问题得出的安全水平为处理新的风险问题提供了最好的指南。假设我们已经找到了这样一种利与弊的平衡状态,那么在将来的决策过程我们应牢记这一平衡状态,只有这样我们才能缩短我们的学习和调整过程,并一步一个脚印地有效提高自己。

在这种系统中有一种方法,叫外现偏好法,就是用刚刚过去的一段时间内受市场、社会及政治影响而做的利弊权衡来表述未来平衡的标准。另外一种方法,叫做自然标准的方法,它着眼于地质学上的过去;它主张在一些物种进化过程中周围环境的污染水平应该是适合这些物种生存以及我们追求作为未来容许标准的水平。不管是哪种方法都是将对过去政策的描述用作处理将来问题的对策。通过这两种方法所得到的未来的政策应当与现存的决策一致,并对复杂的利弊权衡有一定的敏感度,这是正规分析难以解决的。步步为营在概念上的一个局限性是,对于新的风险问题,也往往是较麻烦的问题,也许并无任何相关的经验可以参考。另外一个局限性是,这些方法孤立地对单个选项的可接受程度进行判断,而不考虑其他选项。它的一个政治上的局限性可能就是对当局的意见的偏倚,即假设任何现在(或过去)的政策用于将来也会是正确的。

50

专业判断

在还没有一个现成的公式时对"多安全可谓足够安全?"问题的另一个回答就是依赖在这一领域内最有权威的技术专家的判断。不管是医生在权衡一个搭桥手术或一个免疫计划与其风险时,还是工程师在确定大坝的设计是否对土壤的孔性给予了适当的考虑时,或是锅炉修理工决定是否需要加固一个可能出现裂缝的连接点时,他们都在运用专业判断。在做这些决策时,专业人员可能会求助于一些现存的正规分析,但是他们不会被这些分析的结果所束缚,也没有必要为其决策辩护。他们自己的"最佳判断"是决定是否接受与某一选项相关的风险的最后仲裁。

尽管我们可能会对让技术专家决定价值问题的建议犹豫不决,但技术专家所接受的训练使得他们要为顾客的需求服务。如果整个社会都被看作顾客的话,那么专业判断将是用于决定哪些是必须的、可行和实际的最好的方法。在专业人员深思熟虑之后,他们不仅综合利用现存的知识,而且会创造新知识,提出新的或更好的选项。对于一种药物对某一粗心的病人是否足够安全的问题,医生们可以通过设计一种治疗体系来巧妙地解决;安全工程师们可以通过改变交通流量来保证因年代久远而载重有限的大桥的有效安全性。

专业人员可能会在正规分析占统治地位的领域内失足。不明确的标准使得批评家及同事们在评价专业人员的表现时感到困惑。专业人员的智慧只能对哪些选项是否可行提供一个模糊的看法,甚至无法考虑多种传统的解决方案。最后,物质领域的专业知识与决策技巧之间并没有任何必然的联系。

相同与差异

这三种方法在概念上的差异并没有表面上所表现的那么明显。正规分析很大程度上需要专业判断的成分,而专业人员也可以(有时候确实如此)从正规分析那里得到启发以形成自己的判断。步步为营需要类似于正规分析的对风险和利益的测定;而对于正规分析来说,通常需要借助于历史记录以寻求关键性的数据并做出假设,这又与步步为营相类似。专业技术具有传承性,依赖于以往政策的制定;步步为营所研究的过去就很大程度上是由专业人员所造就的。

这些方法都面临同样的难题。把一种被提议的技术与历史遗留的标准相比较会遇到许多技术问题。用正规分析把被提议的技术与其他选择作比较也会遇到同样的问题。如果不考虑其他选项步步为营和专业判断都站不住脚。更进一步,对未来预测的有效性取决于对过去描述的有效性。只有当专业人员了解得足够多时才能对可接受风险问题进行决策;革新的程序只有适应社会的压力和现实才能被考虑。这些相互关联的弱点也许会降低通过方法的杂交来弥补各个方法的缺点的可能性。

在接下来的章节中,我们将从两个方面把这些方法看作是完美的。首先,假设每种方法都是可以用于可接受风险决策的完整的方法。认真地对待每种方法,甚至比其支持者更为认真,最重要的是分清其内在的优缺点。其次,不仅仅着眼于方法在目前的应用而是尽可能负责地、谨慎地开拓这些方法。基于这种理想的观点,我们可以判断每种方法的潜力有多大,它们的技术应用与现今的知识体系的差距有多大,还有哪些需要改善。

其他方法

所有策略性方法的共同之处在于,它们都有这样一个前提,那就是要有一个明确的决策者,并且这个决策者在有意图地应用一个方案。一旦我们抛弃了这个前提,我们就进入了程序性方法的领域,这个领域又可分为两种方法系统。这两种方法系统可以描述为分别包含了市场逻辑和程序逻辑的系统。

一种纯粹的市场性决策方法将会放弃所有集权性的可接受风险问题的决策,任由无约束的市场力量来决定风险水平。一个真正的程序性的决策自始至终通过综合政治、经济和智力各方面的压力来形成决策。尽管在这些程序中任何一个参与者都有可能应用正规分析、步步为营及专业判断的观点,但决策却不受这些方法和观点的制约。相反,这些决策方法依赖参与者的智慧、它们之间的相互作用及环境提供的反馈做出比较满意的结果。

尽管对这些方法的详细思考在我们分析的范畴之外,但当我们讨论策略性决策时难免多多少少要牵涉到它们。比如,一些步步为营和正规分析方法概念的充分性与适宜性在一定程度上依赖于市场程序的功效,而有关程序性逻辑的问题出现于对专业判断和步步为营的评价的过程之中。

52

可接受风险问题的方法的可行性的七项评价标准

在决定决策方法的时候,供选项包括上述各种单一形式的决策方法、有意图的杂交各方法及在我们今天的决策所使用的混乱的混合方法。在这里我们把无效项定为"按我们的一贯做法去做"。

不能直接比较供选项是造成决定决策方法困难的部分原因。每种方法都包含一系列如何做合理决策的观念。如果应用合理,每一种都可以最好地解决它们所针对的问题。与其提问这样一个形而上学的问题,什么是最好的推理形式?我们宁可去问,在处理可接受风险问题时哪种技术可以更好地为我们服务?为了回答这个问题,我们制定了七项评价标准,它们代表了社会对一种决策方法的要求。这些标准如图3.1所示并将在本节的其余部分详述。它们不仅为形成良好的和谐的及反映迅速的社会环境提供保证,而且也为争论激烈的辩论和思想狭隘的组织提供准绳。

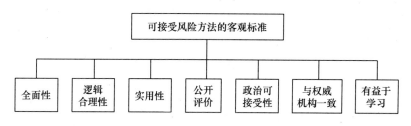

图 3.1　可接受风险问题决策方法所需的标准

第四章到第六章将从理论上根据这七项标准来分析这三种决策方法并讨论它们在实际中的应用。尽管这个分析从不同的角度评价了供选的决策项,但是却仍然不能告诉我们应该选择哪个选项。除非有一项在任何方面都优于其他选项,否则社会就需要判断哪个标准是最重要的。这种判断反映了个人价值、法律要求及特殊情形的存在。在某一问题上占优势的方法在另一情形下当它的优点(如,政治可接受性)不再起关键性作用时也许会遭到拒绝。

全面性

第一章介绍可接受风险问题的基本要素,而第二章介绍这些要素给决策者带来的问题。一种有效方法应该明确地并令人信服地处理这些要素。不能做到这点就意味着它至多解决了问题的一部分。因此,一种方法应该适应于问题的全面的定义范围,能反映技术问题存在的不确定性因素,承认社会价值的易变性和冲突性,客观评价人类在进行决策及执行决策时的失误,并能评价它自己结论的质量。更重要的是,它还应该有足够的应变力以面对新的信息,尤其是分析本身所带来的新的问题。

逻辑合理性

描述问题不同于提供指南。其实,全面性本身就可以导致混淆和困惑。比如,一部 17 卷、9 000 页的关于阿拉斯加的煤气管道运输对环境影响的内部研究被认为是"对不相干事物研究的纪念碑。在其中找不到任何一点对必须做的选择进行的分析"(Cater,1975,p. 363)。为了便于应用,一种方法必须提供一份及时的和逻辑严谨的总结来阐明研究所包括的所有的问题。如果没有这样的总结,"分析"可能会让观察者陷入难以理解的东西之中,从而无端打击了项目的积极性;可能会使得观察者猜疑在深不可测的下面是否隐藏着不可告人的秘密,从而产生不信任;可能会让人感觉到由于没有令人信服的证据的反对,我们也许也可以选择继续这个项目,从而导致反复无常的行为。因此,如果我们现在因了解不够多而无法做出决定,只要收集更多的数据,用一种可行的方法最终就一定能得出一些结论。

值得一提的是,这些结论必须来自于严密的决策规范。这些规范应该是:

1. 对决策问题的不同方面都应该敏感;结论应可以根据有效选项、信息、价值及不确定因素的变化而修改。

2. 可靠性(或可重复性)即重复地应用于相同的问题而得出相同结论的可靠性。

3. 合理性即理论证明它可以导致好的决策或过去的经验证实了其可行性。

4. 适应性即适合于社会风险问题,而不是从其他领域(如,不涉及生命问题的决策问题)的照搬照抄。

5. 公正性即建议的无偏倚性,即不给予任何利益或任何类型的思考以不适当的权重。

实用性

与应用技术相同,决策方法不仅要理论上行得通,更重要的是要能应用于现实中。它必须能在现实问题、现实人群及现实资源限制条件下被应用。

现实问题　为了应用一种方法，我们必须将其术语与现实建立对应的联系。比如，如果我们没有关于成本的明确操作性定义，那么我们的成本—效益分析的实用性将会非常有限。任何方法如果它仅采用一个统计学指标来总结风险（如，预期的年死亡率），而决策者却对另外一个指标感兴趣（如，突发的潜能）；或者它只能考虑了一系列固定的备选项，而在现实中却持续产生新的备选项，那么它们必将失败。就像箱式照相机一样，只能用于拍照处于恰当的距离、在阳光下、不移动的物体。

现实人群　评价管理一种技术隐患的策略是一项工作量很大的问题，它需要很多的有经验的个体参与，包括实证专家（对一些比较特殊的危害了解的比较多的专家）和精通决策的规范专家。能否征召到足够的技术专家来对这些方法进行评价？如果能找到专家，他们是否能在工作中最好地发挥他们的知识专长？问题的提出是否太新颖或太复杂以至于难以被理解？问题是否适合他们的认知结构？最后，人们必须问这样一个问题，这些专家是否值得相信。在合同服务时代，问题造就了相应的专家。当利害关系达到一定的高度时，专家往往为既定的利益者所雇佣，而他们往往限定了专家们研究某特定的问题及报道某特定结果的自由。当科学的数据不足而需要专家以其直觉而不是根据经过其他专家认证的知识来做判断时，这些问题就变得更加尖锐（Fischhoff & Whipple，1980）。

资源限制　当决策者承认需要帮助的时候，他们往往需要及时的帮助以应对他们的传统决策程序失败的危机。这不仅存在着时间上的限制而且还存在着资金上的限制。决策者可能不太情愿为好建议的潜在好处给以太多的经济上的投入,因为这些至多只能增加做正确决策的机会而已。当缺乏完善一个方法所需的资源的时候,人们必须问这样一个问题:结果是否足够接近我们的理想而值得我们继续努力。

公开评价

正如第二章所述的那样,即使是在最好的环境条件下,评价一种决策或一种方法的质量是很困难的。一种方法不应该因隐瞒其内在功能而使情况恶化。命运与之相关的任何人都有权问下列问题:方法的基本前提是什么?它的政治和哲学根源是什么?他们预先对哪些选项进行了排除及预先判断?在哪些地方事实与价值问题相混淆?输入参数是什么?采取什么样的计算程序?整个体系的不确定因素有多少?

为保证有效性,方法必须回答这些问题。许多可接受风险问题是如此的复杂并跨越多种学科以至于没有人马上就能对这些问题给出正确的答案。在这种情况下,方法应该表明它提供仅是一个大致的解决方案。这种方法应当欢迎建设性的批评以找出遗漏、错误及隐藏的假设以便于在下一轮的分析中予以修正。哪怕是否定性的批评,只要它有益于发现问题并带来看问题的新角度,也比没有好。

没有明确限定的程序及缺乏清楚的概念将会使得评价变得异常困惑。没有经过检测的方法根本就不应被应用。一种不能测试其效能且不能澄清其偏颇的方法便不值得相信。

政治可接受性

隐患的管理是在苛刻和政治性很强的环境中进行的,一个方法如果效果太差、太好或者与实际隔离都会遭到否定。

如果一个方法显而易见是无效的（如，对问题的错误定义或者没有可靠的综合方法），批评家会毫不犹豫地弹劾那些不入耳的建议。比如说，一个党派逻辑混乱的有关环境影响的陈述，会使他们陷入与对立党派无休无止的诉讼程序（Fairfax, 1978）。另外一个极端是，一个方法基本不会遇到什么阻碍，因为所有感兴趣的政党都可以利用这个方法为其利益服务。同时，"战斗者"会将他们的争辩放在专业术语上，比如，成本—效益分析，把技术转化为装饰性的装置从而使其失去功效。

概念上的长处也会带来政治上的影响。如果一个方案明确地、持续地制造不受欢迎的信号，被侵犯的政党就会选择否决整个方案，而不是针对其中特定的结论。相似的，一个方案如果试图挽救已经存在的失衡局面（如，生产者和消费者、雇主和雇员、劳动者和大众之间的关系），那么，就可能受到利益受危害的一方的回击。

最后一点，如果一个方案采取的是不注重寻求最佳结果的方法，那么它就可能失败。在任何共享的系统中，不但要提出建议，还要推销和推广建议。推广建议的一个方面是要向人们显示他们的意见已经被采纳。通常这意味着要尽早和尽可能真诚的询问公众以获得对问题的最佳定义。重视决策过程也会促进解决方案的形成，比如对立党派之间谈判妥协。更重要的是，好的决策过程本身会带来正面的效果，例如帮助参与者一起工作和生活，减少社交关系的疏远，教给参与者决策过程的基本原理和技术性细节使他们能够监督决策过程。对于一个成功的方案来说，过程可能是其最重要的产物。

与权威机构一致

是好是坏，今日人们已在管理着隐患。隐患的管理牵涉了一批社会机构。一个方案是否能存活取决于它是否背离社会机构的标准操作程序。即使一个方案满足其他六项标准,如果没有人受命去关注它的建议,它也不会成功,比如说法律的先例束缚了关键人物的手脚,不能建立必要的文件,找不到称职的人员或这样的人在权力上受到排斥。

另外一方面,一个方案又可能与社会机构的操作程序过于吻合。社会机构有着自己的议程,不总是与他们所代表的人群保持一致。社会机构的决策者或许更偏爱含糊其辞的决策,这样可以减轻他们本身的责任,为自己在隐患管理中树立一席之地,把困难的价值问题推给外部"专家",拖延对复杂问题的研究。另外一方面,社会机构的决策者也许会对一个好的方案的许多部分感到不适应,例如扩大时空范围,明确地承认不确定性或者倚重外部的人。

因此可以说,需要适应和改变的不是方案本身而是社会机构。社会机构在可接受风险决策制定过程中表现出来的能力是对其能否应对 20 世纪末期挑战的一个有效测试。

有益于学习

满足这些准则的努力会遇到一个主要的挑战:在尊重政治和社会机构的现实同时,又不被它们所击垮,最终的目标是要改变这些现实。一个决策应该教育参与者,清除决策制定的阻碍,并且创建自己的先例。不管怎样,在采纳决策方面社会应该变得更加明智和完善。为了达到这个目标,甚至必须牺牲一些眼前利益,比如有效解决一个特殊的问题,去换取一个远期的目标,比如制定一个具普遍意义的标准。

一个有利于学习的决策具备以下几个特点:(1)保留推理和假设的详细记录,这样有利于评价和知识的积累。(2)提供科学家、学者和决策制定者的双向交流,增进他们之间对问题和不确定因素的理解。（3）教育外行的观察者,增强他们跟进决策制定进度的能力,在提高手头主要问题的专业水准的同时也对可接受风险的细小之处有所认识。（4）专业知识足以覆盖许多问题,这样使用者能深刻的理解和掌握一门技术,而不是仅仅停留于对各种方法的浅显的认知之上。

58

把有天分的科学家和外行人士集中到一个问题上来,对于决策的制定有积极作用:它会警示制定者不要重复同样的错误,或者,它会指出用同样的决策手段能解决的一系列隐患;另外一个作用就是提供社会决策制定机构可信赖的工具,使得他们更具有权威性。判断一个决策对于远期有效管理的贡献其最基本的准则,也许就是它是否能提高探讨和争论的水平。

对比

就像要被评价的方法一样,评价方法的标准也不是完全独立的。一个方法在某一方面的缺点可以削弱其在其他方面的优点。如果一种方法不能得到各方面的评价,那么它就不太可能具备全面性。如果没有公开评价,就很难积累经验和逐渐地增进理解。一种具备明显逻辑缺陷的方法在政治上不可能进展的很顺利。结果,在某一方面踌躇不前的方法很可能在其他方面也会遭遇到困难。

另一方面,有些目标也可能会有冲突。放弃某些特定的尴尬问题也许有利于找到一个逻辑性更强的方法,但这样会牺牲了全面性。政治上的可接受度可能要求如此之多的派别参与决策过程以至于主管机构无法承受。评价的公开化意味着易于受到低级的攻击及不公正的评价,这将破坏政治上的可接受度。

如果没有任何方法满足,或者说可以满足所有的这些标准,并且如果他们的优点与缺点存在于不同的领域,那么我们就必须确定什么是我们真正想要的。方法的选择不可避免的是一种价值取向和政治行为,它反映了我们对于世界观的偏好。

总　　结

通过对现今可接受风险问题的回顾我们总结出三种基本方法:(1)正规分析,它将复杂的问题分解为几个简单的问题,然后归纳其结果以形成总体的建议。(2)步步为营,将历史作为设定安全标准的指南。(3)专业判断,它依赖于最好的技术专家的智慧。

59　　由于这些方法都有自己独特的优缺点,在它们中间做出选择需要了解方法的哪些方面对可接受风险问题是最重要的。因此产生了七项评价标准,包括:(1)全面性。(2)逻辑合理性。(3)实用性。(4)公开评价。(5)政治可接受性。(6)与权威机构一致。(7)有益于学习。决定这些标准的相对重要性是一个政治问题,也是方法

60　　选择的基础。

第四章

专业判断

在引起公众的关注之前，大多数的隐患都是由熟悉它的专家来应付的。工程师负责设计大坝，药剂师负责开发新的溶剂，而医生则负责开处方。这些专业人员主要依赖于个人经验、常规的专业操作以及顾客的需求来权衡利弊。专业判断就是一种综合各种现实和价值的方法。

当危害的影响增加时，更多的人加入到决策的过程中来。新手依赖于专业人员来对存在的行为选择和可行性及有效性进行指导。这些因素是如此的不明确、深奥和复杂，以至于非专业人员很难单独应付。一旦做出决策，专业人员将指导决策的实施并为新出现的问题提供解决方案。因此即使在政治决策过程中，专业判断也起到很大的作用，技术专家成为许多可接受风险问题的裁决者。

专业人员是怎么决定可接受风险的？

一系列的规范约束着专业人员在应付隐患过程中的行为。这些规范可以从其来源和类型两个方面来描述。

标准的来源

也许那些最重要的标准并无明确的文字论述；他们代表了职业的含蓄的标准，那些在培训和学徒期间不断灌输的内容。人们学会哪些是医生、工程师、药剂师能做和不能做的；哪些行为是正确的或错误的；哪些风险会影响他人的生活，哪些不会；什么时候需要寻求上级的帮助；什么时候承认失败；什么时候应该与同事合作；什么样的工作对政府来说是足够好的；哪些捷径和成本紧缩是合法的；什么时候自己的工作算是已经完成了而应把其他问题留给别人去解决。这些含蓄的标准是如此的笼统但却可以给专业人员一种直觉：在处理各种不同的问题时，哪些是可接受的行为。由于这些标准着眼于现实和折衷，因此对同样的技术问题所产生的解决方法可以因经济和政治因素而不同。

专业人员不仅制定含蓄的标准，同样也制定明确的标准。比如，美国机械工程师学会（ASME）的锅炉和高压管道标准为核电设施提供了详细的技术指标。这些标准反映了他们不断积累的实践经验得以保证所设计的系统能运转良好。然而，明确的投资与收益权衡却往往不在专业机构的考虑之中。

规范的第三个来源是政府机构。尽管这些规范不是由专业学会制定，但是它们的内容必须在专业人员的帮助下完成，因此它们也反映了专业人员的思想。比如，作为联邦标准的 10CFR50 就是有关核

61

反应堆设计的可接受的最低标准。某些部分是为这一标准特别制定的;其他一些则要求参照 ASME 出台的标准。

标准的种类

最常见的规范可以称作伦理规范。通常被各专业机构所采用,它们要求机构成员坚守某些不成文的"完美实践的原则",并考虑到受其决策影响群体的健康和安全。尽管专业机构对其成员可以实行一定的制裁从而使得这些标准有了一定的约束力,但由于它们太过笼统,以至于在某些特殊场合并不能起很大作用。因为它们并没有明文规定或禁止某种特殊的行为,它们的主要作用也许是用法律的手段来解决对专业人员违规行为的申诉。

质量标准是一个相当新的课题。它详细规定了在处理特殊问题时应该做的工作及其力度。例如,加拿大标准协会(1978)就建议大家应该注意以下几个方面:设计实施的难度有多大? 设计在多大的程度上是被证实的和真正了解的? 需要多少不同的程序? 生产产品有多复杂? 失败的可能性和后果怎样? 通过这种分析,一项工程可以归划于四类递增的质量等级。每个等级在监查、监控、改良、设计和文件管理等方面都有具体的要求。尽管这种定义不是很严格,但是这样的程序是对专业判断从未涉及领域系统化过程的重要尝试。

还有第三种标准,那就是技术(或设计)标准,它说明了一个系统设计的具体细节。例如,10CFR50 就提供了下列设计参数:"直径超出 1 英寸的螺丝和其他扣件的材料必须符合下述最低条件,在预设的负荷温度或最低服务温度(较低的一个温度下)(Appendix G, Part IV, para. A4),通过 20‰寸的横向拉伸实验和 45 英尺磅的夏氏 V 型缺口考验。"一些不是很明确的标准则冠以"最佳可行技术"。

技术标准对硬件的要求进行说明,然而绩效标准则对直接的结果进行说明,正是如此它往往更紧密地与我们实际关注的问题(如,健康)相联系。比如,清新空气法案的一项规则就这样表述:"排放量 1.5 ppm 是许可的,不管用何种方法达到这个目的都行。"(Moreau,1980)比较含糊的表达包括"提供足够的安全系数"、"提供足够的保护"和"避免对敏感人群的不利影响"。绩效标准非常常见,因为它可以激发专业人员创造性地寻求最有效的途径来完成固定的目标。而从另一方面来说,技术标准则更加强调质量控制,并且由于太不灵活以致不能适应新的设计。

预览

下面章节将讨论专业判断是如何处理有关可接受风险的五个常见的难题的。与第五章和第六章一样,我们将把重点放在方法的缺陷上。审视专业判断的缺陷似乎是找出哪些地方可以改良与哪些地方应该保留的最好办法。审视性的观察也会帮助我们找出哪些是我们的科技精英失去信任的原因。当像美国市政工程师学会那样的权威机构迫切地需要发起一场宣传活动来证明其价值的时候(Florman,1979),人们应当明白什么正在发生。问题是出于指导专业判断的规范,还是出于专业人员栖身的政治—社会—经济世界?除非专业人员得到可行的公众或法律指导,否则过于严厉地批评专业人员利弊权衡的过失就显得不合情理。

一般性问题

技术专家是无价的社会资源,他们有学识,正直,并献身于社会服务。当前的任务是决定他们胜任解决社会安全问题的能力和他们的工作对发挥他们的才能的局限性。专业人员为我们解决了很多问

题；然而他们是不是也能为我们解答"多安全可谓足够安全？"问题
呢？如果他们不能为我们提供完整的答案，那么我们怎么才能最好
地利用并拓展他们所提供的部分答案呢？

限定问题

专业社会化强调服务，也就是说，在资源允许的范围内满足客户
的需求。因此，专业人员根据顾客的需求限定他们要解决的问题。
如果顾客的视野太窄或者不合理，那么无论专业人员的创造力有多
么的强也得不到发挥，他们也许能很快地解决问题，但那是错误的问
题。比如，当顾客要求提供技术标准以详细说明解决某一问题的标
准时，解决问题的其他方案很可能被忽视。当一个产品的特性被详
细的说明了却没有指明使用者，那么专业人员很可能会设计出一种
难以被使用者操作的系统。除非被告知一个项目的社会背景，专业
人员甚至不可能想到，例如这不是一个工程问题而是一个社会问题。
首先让我们查清楚目前哪些方面的风险最为人们所担忧再来操心保
险问题；或者，人们希望这个项目更安全是因为他们不信任项目的发
起者。这种疑虑是如此之深以至于任何水平的安全度对他们来说都
是不够的。

Tom Lehrer 用漫画的形式所表现的专业人员的形象激起了外行
人的极大反响。

> 一旦火箭发射，谁知道它将落于何处？
> 那不是我的部门，Werner von Braun 说道。

如果专业人员只和技术倡导者或管理者或环境专家交流的话，他们
就不太可能会对其他社会团体对问题的定义做出相应的反应。另一
方面，相互作用的平衡说起来容易做起来难。通常，地理上的隔离、

专业道德、聘用的条件将专业人员限定于技师的角色。当专业人员对他们自己的角色认识有限以及对上层决策的影响较小的时候,他们自然只能提供比较局限的解决方案。

有些专业人员可能会认为这些束缚的影响并没有什么了不起。他们更习惯于解决问题而不是定义问题;他们更愿意在限定的范围内工作而不愿意去考虑大的社会的目标;他们满足于通过处理好一个限定的问题来对社会做出贡献(如,去编写客观的药物说明书或设计一种安全的控制阀);他们畏惧在帮助顾客定义问题时潜在的操纵性。

然而,以某种方式,专业人员通过改变自己及其顾客所存在的世界来改变问题的定义。他们的研究决定了哪些选择应予以考虑。比如,一些女权团体认为男性主导的对避孕措施的研究导致了一些主流的解决方案均由女性来承担其危险性。基于这种情形,最近提倡对口服避孕药负作用的警告就是对不适当的问题界定进行订正的一种尝试。专业标准的实践也决定了哪个选项将成为最方便可行的选择。例如,在许多工作组安排低工资的基层安检工程师降低了安全问题的集中性并有效减少了用在除最后的补救措施和警告标志以外的其他安全措施的开销(Hammer,1980)。

像其他的大而有影响力的社会群体一样,专业人员影响着广泛的社会争论从而影响了社会对问题的态度。比如,技术和技术专家在美国社会所起的重要作用使得社会对应用技术,工程的方法来解决问题充满了信心,要解决的形形色色的问题,从汽车追尾到害臊和爱(Ellul,1969;Riesman,1961)。专业人员通过日常活动诸如和邻居交谈、大学讲座以及专家委员会等来传达他们对世界的认识。除此之外,一些较大的专业机构在华盛顿都有说客来游说当局哪些问题应该重视、哪些替代性方案应予以考虑以及哪些方面的专家意见非常重要。这种活动在民主社会不仅是一种合法行为,而且选出的议会代表也要依靠这些说客获得形成政治决策所需要的技术信息。如果这些说客被发现说谎,他们便会失去听众,因此他们有保持坦诚的动机。然而,很难使所有关心问题的人都能够清楚地了解专家们关于问题的界定什么时候不是出自他们的技术观点,而是出自政治或经济的利益。

了解事实

根据定义,专业人员对于技术的隐患所带来的实质性问题应该知道得比其他任何人都多。但是事实不总是不言而明的。适当的解释还是需要的,而为了做到这些,专业人员常要在冲突的压力下工作。

读书与实践 每一个有抱负的专业人员都通过书本掌握了一系列由外部验证的知识组成标准的解决方案,并以此为基础来建立个人的知识库。然而,没有一个人仅仅通过学校就可以学得全部的专业知识。新手需要通过实习来学习那些没有或无法用书面明确表述的专业诀窍(Polanyi,1962)。这些并非深奥的专业秘密,只不过是一种细微的判断力需要在实践中逐渐获得。比如,人们学习怎样应用一系列公认的理想状态和基本知识结构来认识生活中的现实问题,怎样判断不同作者发表文章的可信度,怎样决定偏离标准方法的容许度。当技术实践超出书本知识之外的时候,对问题的验证就变成了判断问题;而最后的权威性决定依赖于领域内最有经验的成员。

当事实有出入和对事实的解释存在矛盾而需要斟酌时,经验就显得尤其重要。如果当局倾向于用过时的信息或过度维护他们推崇的意见,那么专业领域内就会对事实的真相产生一种偏颇的见解;如

65

果当局的行为比较活跃并且提供交流的平台,那么专业领域就会发挥相当强的综合作用。

医生与科学家 作为实用性的科学家,专业人员一直在实验家与实践者、学习和革新的渴望与掌握知识和取得执照的压力下徘徊。这种冲突既可能产生积极向上的动力,也有可能会导致不平衡的信仰。比如,由于需要对眼前的每一问题给予一定的答复,医务人员偶尔地会采纳缺少科研支持的诊断建议和治疗方案。然而,一旦这些治疗方案被采纳,出于法律与伦理的考虑,临床医生就无法拒绝用这一治疗方案对病人进行治疗从而无法组成验证方案所需要的对照组(Bunker,Barnes,& Mosteller,1977)。担心误诊的法律后果也促成了不必要的临床检测,使得医生们陷入大量无用的信息而掩盖了真正的信号。而另外一种系统偏倚来自这样一个事实,那就是临床医生(通过目睹失败)往往认为安全系数不够大而不认为安全系数会太大。

理论与实践的相互作用也通过影响临床科学家描绘世界的抽象模型来影响他们对事实的看法。蓝图、疾病模型和核反应堆的计算机模拟,这些理论化的模式与现实的关系都因情形而异。他们代表了试图从复杂的现实生活中归纳总结出基本要素的科学家与关心模型偏离现实的实践家之间的某种程度的妥协。高超的专业人员对于两方面都比较熟悉,并且不但能够设计一种解决模式而且能够应对在应用过程中出现的问题。比如,好的市政工程师可以按常规估计建筑的强度并预计在水泥的浇注过程中可能出现的失误。

民用航空公司在应对危机方面明显的成功之处应归功于充分利用了机场和设计人员两方面的智慧。飞行员和航空工程师通常齐心协力共同开发飞行系统和程序(如,飞机,助航设施等)。然而即使这样,实践与理论知识还不总是能达到最佳的融合。一些"经典"的航空事故可以归结于那些对飞行不太了解的设计家们的设计。比如,一些第二次世界大战所用的飞机使用安装在相邻位置的相同的手柄来完成不同的功能;尽管这些手柄便于操作,但却容易混淆,尤其是在需要快速反应并且没有机会纠正错误的紧急情况下(Fitts and Posner,1965)。

部分与整体　知识通常依赖于我们所选择的或允许涉及的问题的范围。医生只能对由婚姻、贫穷和工作条件所引起的心理疾病进行治疗。有些专业,比如建筑学,有些专家的工作是处理一个项目所涉及的较广泛的问题(如,周边的环境,交通情况等)以及其组成部分是怎么相互作用的(如,建筑工程、财政、材料供应等)。而在其他专业,缺乏信任促使一些专家放弃自己的原则以求对这些关系的理解(White,1979)。在相互隔离的情况下,专业人员很自然地会把属于自己的那一小块拼图当作问题的中心并诋毁其他专业领域的知识。在随之而来的冲突中,那些鼓吹最凶的学科在处理冲突和分配资源的时候就可能会得到过度的偏重。这种偏倚的一大害处就是在解决安全问题时投机的方案会占上风,而温和的改变人们行为的方案不会得到重视。

确定的与不确定的因素　专业人员在处理危害的时候通常不直接表述事实的不确定性(M. G. Morgan, Rish, Morris, & Meier, 1978)。专业人员处理问题的导向是首先问,哪些地方可能会出错呢?接着问,怎么才能阻止它呢?因此,如果能设计出一种能够承受任何负荷的大桥,那么未来交通模式的不确定性就不会给予考虑;如果医生们能够找到一种对任何感染都有效的万能抗生素,那么精确的诊断将不再重要。"超安全标准设计"与"大安全系数"都是在不了解不确定性的情况下处理不确定性的另外一些标志。一个其安全性是所需要的两倍的大坝当然不会失败。

我们只能推测专业人员是否夸大或低估了这些未被明确表述的风险。不管是哪种情况,缺少明确的表述都将为科学与社会带来问题。之所以科学家会对实践家失去尊重是因为他们在实践时对不确定性不予任何考虑;同样,实践家对科学家失去了尊重是因为他们没有为实践家提供所需要的研究。对非专业人员来说,那些没有任何附加条件的计划在主观上将被当作无可置疑的事实。结果可能会是减低了对早期信号和批评的警觉。Teton 大坝的设计与最终的失败同时揭示了不承认不确定因素所导致的两种后果(U. S. Government, 1976)。

67 如果简单地凭借假设的前提即使是设计最为完善的技术系统也难保安全,对反应器的安全研究(美国核控制委员会,1975)代表了专业领域对处理不确定性的必要性在认识上的一大进步。Lewis 的审评报告把专业意识推向了更深的一个层次,他强调不仅存在风险,而且风险的大小也是未知的,或许我们对风险的认识永远也无法达到我们所希望的精确度。公众对某一工业领域的不确定性的认可可能会推动其他领域的坦诚。

评定价值

在决定安全度水平时,专业人员应当从社会的整体利益出发。然而,社会利益是极其模糊,矛盾的,并通常通过不准确的法律条文或法律观点来表述(Hoffman,1976;B. B. Johnson,1980)。在任何特殊问题中社会利益必须由参与者来共同定义、协商和解译,这些人通常包括当局者、项目倡导者、专业人员及技术发明者。当专业人员必须对社会价值做某种程度的推测时,他们倾向于用与自己价值观相和谐的方式来解释那些不确定因素(Brown,1965)。试图将一套共同的价值观施加于不同团体是一种迂腐的套路,它对单个团体来说是错误的,对于社会整体来说也很可能是不正确的。以下章节将对在专业人员考虑可接受风险问题时起作用的价值观进行讨论。

专业价值 和其他社会机构一样,专业团体不仅大量地传播知识也包括其价值。人们选择与自己价值观相同的专业团体,而专业团体排斥与自己持不同意见的人,这使得专业团体的价值传播得以强化。人们会发现很少会有校园激进分子去专修石油技术,他们中的更少人会留下来并最终晋升到管理阶层(保持价值观);在福利系统中,相同的命运会降临在自由主义者的头上。

尽管不同专业有不同的学术环境,但它们的共同主旋律都是专业人员在处理社会技术问题时的自信,以及对社会技术在总体上不断进步的坚定信仰。这种价值观的第一种结果就是忠实于自己的同行,就像医生们不愿意指证别的医生一样;第二种结果就是不信任非专业人员的参与,就像那些关于对社会大众无知和不合情理的言论中所体现的蔑视那样;第三种结果就是喜欢自律而不喜欢外部监督,就像在争取控制国家许可权的运动中所表现的那样。认为系统仍然有效的信念将会助长传统的解决方案,遏止新的解决方案的发展。专业人员希望通过缓和的变革方式来发展,而不喜欢激烈的变革方式。这种价值观对人们实践的约束可以从一个例子中看到,即知识界反驳有关分析家相似思维限制了他们决策能力发挥的指责。倡导多元化并不意味着需要新的思维角度,而是意味着需要把具有相同思维的一群分析家集合起来(Lanir,1978)。 **68**

经济利益　为了在商业社会生存,尤其是当有人问他们您能否很好地应对危机的时候,专业人员可能会有意识的步入过分肯定的歧途。目前专业人员要想在风险问题的竞争中占有一席之地,仅有帮助的愿望还是不够的,还要有实际行动。对于一个工程师来说也许很难相信或承认在技术上投入以寻找解决问题的方法是滥用资金。乐观主义的约束之一是法律义务。不像一些公务员和分析家那样,专业人员通常要对其行为负经济上的责任。保证专业人员的经济利益而产生的自卫性医疗和对社会安全的过度保障,付出的代价是用金钱换取不必要的安全。

如果专业人员不愿意把自己的价值观强加于含糊的价值问题上,他们就需要明确的指南。经济利益将引导专业人员向那些重要的人群寻求指南。如果这些客户来自于涉及风险管理的一个利益团体,那么在专业人员的工作中,这个团体的价值将很自然地被作为重点来考虑。由于决策必须回答项目过程中的所有细节问题,那些为专业人员工作提供资源的人的影响也将增加。

冲突的价值　专业人员的价值会不会引起利益冲突取决于他们是否有能力抛开自己的价值去维护那些无知的公民的利益。衡量这种能力是很难的,因为将一套价值强加于人是很难被察觉的。不仅社会很少有明确的"正式的"价值,专业人员含蓄的价值观也极少得到足够的交流。在许多情况下,只有最终的设计决策或安全系数是看得见的,这使得无论是专业人员还是其批评家都很难辨别其中利弊是怎样权衡的。其实,专业人员和其他人一样,自己也许并不真正知道什么是他们做出最后决策的动机(Nisbett & Wilson,1977)。一个更加复杂的问题是价值冲突往往以争论事实的形式出现(Sjöberg,

1980）。人们并不争论核电站应该多么安全（对此每个人都有权有自己的想法），而争论它有多安全（纠缠于那些毫无实际意义的问题上）。因此，专业人员对他们自己的价值的表述往往变化无常，难以定论。

人的因素的不确定性

当人们对所要处理的问题的每一部分都有很好的了解，并且问题的组成部分都是按因果关系有序的相联系时，问题的解决就变得简单多了。专业人员了解这一点因而习惯于将注意力放在那些已知的和可知的问题上。由于人类的行为很少像机械或化学反应那样具有可预测性，因此，在决策过程中除了认识人的价值观的复杂性以外，人（实施者、干预者与倡导者）的因素很少被考虑（Norman，1980；Sheridan，1980）。甚至于医生可能只关心病人的生理状况，却无视病人的整体状况，例如他们可能有家庭与工作上的压力、可能有不良的营养习惯及不能按时服药等等。

设计 Knoll（1979）详细叙述了在工程建设中将重点放在硬件上的后果：

> 在建筑过程中，存在一种这样的倾向，那就是忘记……这样一些人，例如屋主或房客们他们可能让房屋过度承载或可能改变建筑结构，水气公司的管理者们可能忽视最终将引起事故的煤气和输水管道；那些偶尔或间接地与建筑发生联系的人们，比如卡车司机可能开车撞上建筑的顶梁柱，规范委员会的委员们可能制定不健全的建筑法规或只会抱怨规范太复杂或不明确而不适用；业主或倡导者们可能会预算短缺，或时间计划者可能会

逼迫设计者及承建者匆忙草率的完成项目,可能会缺少足够的监督等等。尽管这些人不能总是通过法律系统来管理,建筑的安全和他们密切相关,如果需要控制或降低事故的发生率,对人的因素的处理就非常重要,这就是所说的:设计必须考虑人的因素(pp. 249—250)。

按照 Boe(1979)所述,在系统设计过程中,过分强调技术问题可能会减少给操作者的信号和反馈,而那些有利于丰富操作者的个人知识,对检测并控制不可预知的情况,诸如已经发生的技术系统故障,更重要的是将要发生的技术系统故障,是及其必要的(p. 242)。在一些极端的情况下,"一个装置已经到了这样一个程度,技术和物质的连锁反应是如此之快以至于救生装置和应急措施不再与其他危险性的技术相匹配"(p. 243)。

重技术轻人的设计后果是人要为其无法控制的失败承担责任。比如,在为成人摩托车设计的世界里孩子和骑自行车的人成了交通事故的牺牲品并因此而被指责(P. Howard,1978)。表 4.1 列举了一些设计上的缺陷,在某些情况下它们可能会导致操作上的错误。

本应能显著减轻洪灾损失的防洪项目的失败是另外一个例子(Burton et al. ,1978)。建造大坝减少了小型洪灾,导致居民们看不到洪灾的危险性从而促进了对洪灾区的开发。当一个罕见的洪灾超过了大坝的承受力,其危害将是灾难性的。因此,社会工程的失败将限制市政工程成功的价值。国家防洪保险项目(其自身也存在着由其假设的有关行为的基本前提所带来的问题)就是要通过制订合理的土地使用计划来克服这些问题(Kunreuther, Ginsberg, Miller, Sagi, Slovic, Borkin, & Katz,1978)。

表 4.1　在一核电站中存在的设计纰漏

1. 一个可选择的用于控制硼酸盐开关(添加硼酸水,用以缓和裂变反应)有 4 个位置:0—550,500—1050,1550—2050。最后两个标志其实应该是:1000—1050 和 1500—2050。

2. 两个数字化硼酸控制器并排在一起,并且看起来一模一样。但是左边的一个是用来浓缩的,而右边的一个是用来稀释的。操纵者必须牢记小数点的位置,左边的一个是在末尾的数字之前,右边的一个是在末尾的数字之后。

3. 水流顺次流过 7 个给水加热器。每个加热器的表盘上都有几个标号的控制钮。这些标号的顺序与水流的方向相反。

4. 在加热器 3(上述)之后有 3 个泵 A、B、C。在加热器 7 之后有两个泵。这些泵的开关有两排:3A、3B 在一排,7A、7B 和 3C 在一排。

5. 左边 4 个仪表是控制中子流通的,而右边 4 个是控制中子流速的。最左边的两个与最右边的两个相对应。它们都是用于控制中等的流速范围的。靠中间的左边两个与靠中间的右边两个相对应用于控制起始流速。

6. 两个辅助给水表上标着 A(在左边)与 B(在左边)。相应的两个开关上也标着 A 与 B,但是 B 在左边,A 在右边。

7. 这个核电站有 4 个蒸汽发电机。有 4 个笔式记录仪用于指示每个蒸汽发电机的冷热支的温度。每一个记录仪都有两支笔,红色的与绿色的。在左边第一个记录仪红色代表热 1,绿色代表热 2。左边第二个红色代表冷 1,绿色代表冷 2。左边第三个红色代表热 3,绿色代表热 4。最右边的红色的代表冷 3,绿色的代表冷 4。

8. 对缺少制冷剂的事故的一般处理程序要求操作者检查表盘上的所有的信号灯是否都亮。但是一些灯(上面没有标记)是不应该亮的。

9. 用于控制制冷剂安全喷射的阀门是安装在一起的。60 个完全相同的开关以 3 个一列 20 个一排的方式排列在一起,在每一个开关的下面只有一个刻有极小的字母和数字的标签说明开关的用途。大多数的字母数字是有序的——但有一个例外,其字母数字完全不符合顺序并远离其他有相关功能的开关。

资料来源:Sheridan,1980,p.29。

　　缺乏对人的因素的认识也将会阻碍专业人员认清自己作为一名操作者的角色。具体领域的专家不能够应对他们自己制造的风险,这种日见明确的认识使得健康物理学家、有关人的研究的审查小组以及病菌咨询专家的作用日益增强。

71

公共关系 局外人不断地闯入专业领域引起了有关这些人的资历的巨大的争议。两种互相冲突的主题可能在专业领域内出现。当讨论涉及管理的需要时,我们听到的是消费者有足够的能力和知识,因此可以在社会市场中保护自己。当话题涉及公众参与风险管理的时候,我们听到是对消费者无知和冲动的指责。

恰如第二章述说的那样,人的能力的不确定性才使得这种出于政治原因的不同解释有市场。人们几乎可以为他们所想提出的任何论点找到证据,哪怕是推测性的证据。采取一种负责任的方法来解决与局外人的争议,一个专业人员应该提出下列问题:有没有系统性的研究可以加以引用的? 公众所要解决的问题是否与我所着眼的问题不同? 是否由于他们的经验误导或不足,为他们提供更加完善的信息会不会对解决彼此的分歧有帮助? 他们是不是看到了我没有看到的问题? 我是否被自己的经验误导了? 强迫人们接受他们不相信的解决方案的后果是什么,尽管他们的不信任的基础是多么的站不住脚?

专业人员和其他人一样,有权评论社会及其公民的行为。但是对专业人员的评论和对其他人的一样,应该给予一定的保留。在解释为什么物理学家更容易受超心理学的诱惑时,Hyman(1980)指出那是因为物理学家没有认清自己能力的限度。他们所受的训练使得他们能够清楚识别某种随机误差,但却无法识别由阴谋家造成的系统性错误。科学家对人和社会的判断总的来说存在着同样的毛病。

评价决策质量

专业人员评价自己决策的质量的时间和方式取决于他们怎么解决在上述章节中我们曾讨论的各种不确定因素。这些不确定因素为我们带来了两大难题。

描述解决方案 如果专业人员完全按照书本办事,那么评价会相对简单。不仅对解决方案有详细的描述,而且会有一些甚至很多重复的例子,其结果可以用于对比及综合分析。但是,专业人员经常从一个有明确定义的选项开始,进而调整使之适合特定的条件,从而造就一个独特的、难以评价的设计方案。比如,计算的大坝负荷只是对大坝真实负荷的估计,大坝的真实负荷受到现场土质孔性、震动性、外形及建筑条件的限制。同样医生们可能知道一种药物的副作用的统计发生率,但他们却不知道在某一特定病人的身上发生的可能性,结果可能导致病人的病情被误诊,更换其他药物,或者中断疗程。现实中,医生们可能选择一种风险小而效果稍次的治疗方案,因为这样可以少犯错误。这些现实中的折衷,特别是在最后关头所作的决策往往不会有完备的文档记录。

每种解决方案的特性及其安全性都不会是完全清楚的,不仅因为现实条件迫使人们修改标准的解决方案,即使标准的解决方案被完全采纳了,其安全性也会因情形而异。一些我们熟悉的系数、电阻及药物的功能也会随条件的变化而改变。如果关于功能的知识也和其他人类的知识相同,那么掌握知识的人对于它的无法测试和无法明确描述的前提可能只有模糊的认识。在某些场合下成功的经验可能不合理地导致了其他场合也会成功的推理。在总结对于现存的或所推荐的系统的总体安全性评价时,Knoll(1979)发现:"根据合理的科学事实,要对安全度进行绝对的校正是不可能的。综合安全系数的确定还仍然要根据各规范委员会的委员们的判断进行综合"(p.254)。

如果每个项目都有其独特性并难以描述,如果专业人员的考虑因素也难以表明的话,那么人们会倾向于根据个别的决策的后果来评价专业人员的工作。然而许多项目的复杂性,使得我们很难了解所发生事件究竟意味着什么。当一个生命系统对一种治疗有反应时,并非意味着生命正在自愈。当一个具体的系统被证明行之有效时,并非意味着不存在一个造价更低而且同样有效的系统,甚至难以确定系统的某一部件的设计是否过于保守或已经达到了极限。对具体问题的注重使得人们在系统失败时会问哪些地方出了错?而不是去问我们所下的赌注是否合理(或者失败的概率是否在可接受的范围)?人们试图减少他们的认知负担同时获得对未来的建议,因而把本应对失败的多重原因的寻找简化为对单一原因的寻找。不幸的是,"从一个复杂的整体中片面地追求一个简单的因果关系可以说是在叙述事实,也可以说是在掩盖事实"(Boe,1979,p. 243)。

隐藏在这些失误之下的共同假设就是所有的问题都能被发现并纠正。偶尔也存在这样的可能性即系统是如此的复杂使得它在某种程度上无法了解和管理,结果是问题的复杂性给系统的可靠性加上了一个分水岭,过度的安全措施很可能在解决旧问题的同时又引发新问题,在相信问题是最终可以解决的假设下,对于决策质量的评价将会有失偏颇。

刻画评价者 专业人员最大的价值之一就是从属于一个强有力的专业团体,它负责保护其成员的利益并保证他们的工作质量。按照这种理论,专业团体因限制所受到的损失完全可以通过对技术行为的严格控制来弥补,这种控制是无法通过外行的独立监督来保证的。专业人员的集体责任感使得有意义的自我评价成为可能。如果专业团体不施行管理或不时地对差的成员进行惩处,那么所有的成员的利益都将会受到危害。比如,如果所有的医生都拒绝指证其他成员,那么社会将以自己的方式进行干涉、给予即使不是更完善的,至少是不同的评价。

保证其成员和社会成员的需求可能是所有的行业协会所面临的

基本矛盾。拒绝承认过去的失败,这种经济动机是如此之强烈,以至于在建筑设计过程中(举例来说),"大多数时候不对失败作明确的报道,这一事实与回归现实及法律系统的运作方式有密切的联系,法律系统在大部分情形下有反对全面而公开的报道的动机"(Knoll,1979,p.253)。如果承认失败,那么也要尽量地减小它的范围(一个较差的参与者、一个很大的错误或一个腐烂的柱子(坏梁))以免打击专业人员整体的自信心。辩护的内容大多根据现存的规范以减轻一个专业、工业或政府对不良行为的责任。将一个复杂的项目分解成小的组成部分造成无人直接为交接部所带来的问题负责任。

在评价过程中的经济压力经常与心理压力混合在一起。专业人员通常都对他人的生命与安全怀有巨大的责任感。他们必须天天向人们做这样的保证:这种药物不会杀人,或者那个建筑部件会一直支持到有新的部件来取代它。承担这样一种责任需要一种很特殊的能力去拒绝或承受不确定性。专业人员在设计、批准和执行风险性项目的过程中的多重角色使他们成为令人注目的批评目标,其中一些批评是不公平的(由于他们所面对的是其他人的事后之明,或他们必须承担其他人推卸决策的责任)。为了树立别人对他们的决策信心,专业人员也许首先必须树立对自己的信心。医生们经常宣称病人不愿意了解他们所面对的风险,根据经典的证据,这些言论是站不住脚的(Weinstein,1979);但是这些论点有益于帮助医生们减缓他们自己的紧张心理。一些附加成本的专业技术,像超标准安全设计和防护性药物通过让消费者支付专业保护的费用在一定程度上缓解了这些矛盾。

74

专业判断用于解决可接受
风险问题的满意程度？

全面性

专业人员的行为为可接受风险问题提供了实际意义的答案。但是这些答案并不能保证解决问题的复杂性（T. H. Schneider, 1979）。由于法律伦理的约束或者是个人的偏好，专业人员往往只接受问题的定义中相当狭窄的一部分。这表现于他们把自己限制于：最直接的顾客最为感兴趣的结果（可能会无视更广泛的社会利益），与他们专业特长相联系的解决方案（而不是将顾客推荐给他人），或相关专业技术的不同形式（而不认真地考虑是否从根本上就应该否定这一技术）。其实，专家的明智选择就是最好的间接影响问题界定的方式之一（以及由此而生的问题的解决方案）。

在这些约束因素的限定下，专业人员可能会对技术现实和相关的不确定因素形成比较全面的认识。其实，设计过程本身能创造也能应用知识。从另一角度讲，专业人员对他们所面对的问题在政治与经济方面也许只有一个比较粗略的看法。因此，专业判断能为定义狭窄的问题提供一种比较全面的观点。

逻辑合理性

要对专业人员在综合可接受风险问题的各方面所采用的程序的逻辑性进行评价是很困难的。他们做的许多决策都是依据不明确的判断，甚至无法明确的判断。在没有经典研究的情况下，人们只能推测这些程序是否适合于外行人用于处理在整合信息时所遇到的同样问题。比如,专业人员对确定的因素是否给予了过分的考虑(Kahne-man & Tversky,1979),或者他们的训练和经验是否能避免这些偏倚?

还有一些决策是以已经明确的公式化的标准为根据的。这些标准在它们使用的条件下为一系列一致的决策提供保证。在一定程度上,这些标准是在系统的成功与失败的经验中发展起来的,系统提供了有效反馈并为各种人群提供了反映意见的机会,这样的标准可能综合考虑了各方面的因素。在一定程度上,这些标准仅仅代表了专业判断在一般情况下的应用,一般的标准逻辑可能与由其而生的决策未被详细说明。 **75**

实用性

专业判断是实用的。只要没有外来因素的干扰,在有限的训练和资源条件下专业人员能创造出最好的答案。专业判断的实用性还体现在提供足够具体的决策以便于施行。还有,当决策实施过程中有新的问题出现时,专业人员往往就在现场并对问题有足够的了解,因此可以提供对策而保持原有决策的精神。通过减少外来因素的干预,专业判断可以减少实施费用。通过集中同行的智慧(及不同的解决方案),专业判断可以进一步缩减开支。然而在大多数行业中安全问题专家所处的岗位级别较低,他们所作的决定往往是如此的实际和有效并不涉及有关可接受风险问题的原则性的决策;也就是,安全问题并没有得到足够的重视。

公开评价

正如 Polanyi(1962)所说的那样,要理解专业人员所用的方法除了掌握从书籍和蓝图等公共资源得到的专业基础外,还需经过同样的训练,掌握微妙的专业技能。结果是专业判断往往是在一种非公开的场合(如,现场、绘图桌、病榻旁)以一种非公开的方式做出的。由于专业人员的决策程序与推理不为人所了解,因此,从汉谟拉比法典到产品信誉投诉,人们都根据决策的结果来评价专业人员。如果一座大桥倒塌了或一个病人死掉了,那么事后人们将对决策的逻辑性产生怀疑。专家对外行的批评的抵触可能反映了两个方面:他们感觉到自己比批评者知道的更多(基本知识是智慧的基本保障),他们认识到在某种意义上他们不可能维护自己的专业判断。有关他们是在遵循标准操作的辩词实质上是将责任推给了他人。

政治可接受性

管理者、律师及干预者越来越多地介入以前完全由专业人员主宰的决策领域,表明了人们对专业人员所做出的可接受风险决策的不满。在一定程度上,专业人员成为被默认决策的不幸后果的替罪羊。其他的一些批评是有政治动机的:一些人利用专业人员来影响风险决策;一些批评家视专业人员为权力斗争的工具;他们只对他们不喜欢的决策做评论。许多环境方面的政策都可以看作是试图控制那些对专业决策有直接影响的问题。

最后,有些人把专业主义当作敌人。与 G. B. Shaw 持共同观点的人都认为专业人员蓄意欺骗外行人,他们把对专业人员权力上的任何让步视为扶持专家统治论,从而对专业人员的社会与经济价值做出不适当的辩护。基于这种观点,依赖专业判断就等于交出控制权并使其合法化。

与权威机构一致

专业判断对现存的机构体制有较好的适应性,这是因为它本身就出自机构。除非有人干预,专业机构总是依章办事(受其顾客和雇佣者的限制）。即使当尝试不同的决策方式时,所依赖的也仅仅是专业人员的知识和经验。

对专业人员来说,他们必须适应决策的权力机构。他们是团队的一个成员,必须与不同的顾客打交道。科学家谨慎的准则使得他们不能提供肯定的论点,而是往往将决定留给权力机构。与科学家不同,对大部分问题专业人员则愿意冒险提供最佳的猜测。我们不清楚专业人员如何才能适应这种强调公众参与的新型的决策方式。

有益于学习

专业形成的目的是要发挥其长期的效应。确实,它们的存在为有序地积累和传承知识提供了保证。不同于其他公共团体,专业团体对处理某一实际问题是一诺千金的。也和许多由选举产生的管理官员不同,他们不会在二四或六年的循环中来了又去。他们与公司、政府和大学研究实验室的紧密联系,使得他们可以对在专业领域内所遇到的问题进行深入的研究。正如通过他们的研究和培训对一般技术问题提供了解决方案一样,他们在标准制定上所作的努力也为一般的社会问题的解决提供了方案。

然而,这些活动的内向性也许意味了专业化的增强要以其他领域的削弱为代价。有些活动甚至可以认为是对民众参与并发展是有效的,知识化的社会竖起了一道强大的障碍。其他一些活动可以认为是强迫社会接受专业人员的价值与标准行为的渐进的过程。持续着眼于较窄的问题最终将把社会推进深渊。

77

总　　结

专业人员凭借他们的经验和知识对可接受风险问题进行决策。

从定义上来说,专业人员可以把工作做得比其他任何人都好。然而,在工作中他们也许并没有使用有效的可接受风险的决策方法。专业训练、个人价值、工作实践以及与顾客的关系也许限制了他们对问题详尽而全面的认识,而这却是作为决策者的必要条件。专业判断在处理有限范围的常规问题时是最值得信赖的,这样的问题提供了从社会和顾客中获得反馈信息的机会,从而帮助专业人员评估他们所设计的项目运转的情况以及人们对项目的反映。

78

第五章

步步为营

专业判断和正规分析这两种方法都假设我们可以通过思维产生合理的可接受风险的决策。通过少量的计算性辅助,人们便可以整合所有的观点,并权衡政治和技术的现实。步步为营的倡议者不赞同这样的假设,他们指出在任何一个短暂的时间内都不可能对风险做充分的分析。只有在漫长的实践中经过反复的尝试和学习,社会才能最终在风险和收益之间寻求到一种可接受的平衡。

步步为营的方法

当决策者不能做如此漫长的等待,而必须立刻对可接受风险问题做出永久性的决策时,他们会怎么办呢?步步为营建议用过去已经被接受的风险水平作为基础来评估新风险的可接受性。例如,如果人们相信我们的市场、社会和政治机构能对我们所熟悉的技术所带来的风险和利益之间的最佳平衡起作用,那么这些经验就可以被编进标准的法典而应用于将来的决策。缩短历史繁杂的平衡过程,我们可以迅速得到那近乎理想的平衡。实际上我们可以凭借自己的脚步提高自己,吸收与当今社会政策相一致的,并且能适应现实的标准,而不被不切实际的方法所困扰。

尽管步步为营的方法与正规分析方法类似,它们都使用明确的计算方法和决策规则,但是它们的逻辑却非常的不同。正规分析假设没有通过认真的定量分析决策是不适当的;因此大部分当今的政策便没有指导价值。提倡步步为营的人对调整过程的信心使他们相信对过去政策的描述可以为将来提供参考。下面将讨论四种步步为营的方法。每种方法对过去进行不同的描述,并且用不同的生物学、控制学或经济学的原理来说明过去所达到的可接受的平衡。

风险目录

认识到许多人对现代生活中风险的理解都很不充分,一些步步为营者已经尝试着用统一的标准来定量各种不同的风险。这些估计值被编辑成目录用于帮助决策者产生决策直觉,并最终形成适合于不同风险的统一标准。例如,R. Wilson(1979)指出我们应该"试着对我们的风险进行定量……然后我们才能比较风险,并决定接受或拒绝哪个风险"(p.43)。同样 Sowby(1965)评论说,当我们在决定我们对放射风险的管理是否适当时,我们需要注意"生活中的其他一些风险",Lord Rothschild(1978)补充说"在将您所担心的风险与您不担心但也许是应该担心的风险进行比较之前,没有必要对生活中的风险产生恐慌"。

通常,在这些论点的后面会紧跟着详细的表格,甚至"风险目录"(B. Cohen & Lee,1979),这些表格和目录列举了与各种生活风险相关的死亡或残疾的指数。Sowby(1965)提供了很多以小时为单位的风险数据,例如,一个人骑一小时摩托车与他 75 岁时的每一小时有同样的风险。R. Wilson(1979)制作了表 5.1,这个表列举了能使人

表 5.1　使年死亡概率增加 0.000 001 的风险

活动	死亡原因
吸 1.4 根烟	癌症、心脏病
喝 0.5 升白酒	肝硬化
在煤矿中停留 1 小时	黑肺病
在煤矿中停留 3 小时	事故
在纽约或波士顿生活 2 天	空气污染
乘独木舟行进 6 分钟	事故
骑自行车行进 10 英里	事故
坐汽车行进 150 英里	事故
坐喷气机飞行 1 000 英里	事故
坐喷气机飞行 6 000 英里	宇宙放射线引起的癌症
从纽约到丹佛渡假 2 个月	宇宙放射线引起的癌症
在普通的用石头或砖建成的建筑物中生活 2 个月	自然放射能引起的癌症
在好的医院作一次 X 线检查	射线引起的癌症
与吸烟的人生活 2 个月	癌症、心脏病
吃 40 大汤匙花生酱	黄曲霉素 B 引起的癌症
喝迈阿密饮用水 1 年	氯仿引起的癌症
喝 30 罐 12 盎司的无糖软饮料	糖精引起的癌症
在核电站附近生活 5 年	射线引起的癌症
喝 1 000 罐 24 盎司最近刚禁止的塑料瓶中的软饮料	丙烯腈单体引起的癌症
在聚氯乙烯工厂周围生活 20 年	氯乙烯引起的癌症（1976 年标准）
在一个核电站 20 英里内生活 150 年	射线引起的癌症
吃 100 块（木炭烤）牛排	苯并芘引起的癌症
生活在一个核反应堆 5 英里以内 50 年发生事故的风险	射线引起的癌症

资料来源:R. Wilson,1979。

们的年死亡的概率增加百万分之一的不同的活动。Wilson 解释说："这些比较能帮助我评估风险,可以想象它们也同样能帮助其他人。但是最重要的应该是能帮助我们的国家作为一个整体来制定决策以提高人们健康水平并降低事故的发生率"(p.45)。以同样方式,Cohen 和 Lee(1979)根据它们对期望寿命(表5.2)的影响对形形色色的风险进行了排序。"他们假设这个表中的次序一定程度上体现了社会的优先次序。"然而,我们看到一些非常重要的问题却受到极少的重视,而一些处于表的底部,特别是那些与放射性有关的问题,却受到了极大的关注"(p.720)。既然当前的风险水平被作为比较的有效基础,这个风险目录体现了现代的步步为营。支持者可能会将林肯·斯蒂芬斯的话稍作修改然后宣称,我已经看到了现在的步步为营,并知道它行得通,或者至少它可以帮助我们识别那些受到过多或过少重视的个别问题。

表 5.2 不同原因引起的估计的预期寿命的损失

原因	天数
没结婚(男性)	3 500
吸烟(男性)	2 250
心脏病	2 100
没结婚(女性)	1 600
超重 30%	1 300
煤矿工人	1 100
癌症	980
超重 20%	900
<8 年级的教育	850
吸烟(女性)	800
低的社会经济地位	700
中风	520

原因	天数
在不适宜的状态中生活	500
越南战争士兵	400
吸雪茄烟	330
危险工作、事故	300
用烟斗吸烟	220
每天增加 100 卡食物热量	210
摩托车事故	207
肺炎、流感	141
酒精（美国平均水平）	130
家中的事故	95
自杀	95
糖尿病	95
被谋杀（杀人者）	90
合法药品滥用	90
日常工作,事故	74
溺水	41
放射暴露的工作	40
坠落	39
徒步的事故	37
最安全的工作、事故	30
火灾、烫伤	27
能量产生	24
违法药物（U.S.平均水平）	18
中毒（固体、液体）	17
窒息	13
枪炮事故	11
自然放射线（BEIR）	8
医用 X 线	6
有毒气体	7
咖啡	6
口服避孕药	5

（续表）

原因	天数
脚踏车事故	5
所有大灾难	3.5
食用饮料	2
反应堆事故（UCS）	2[a]
反应堆事故——Rasmussen	0.02[a]
核工业放射线	0.02[a]
过氧化酶—抗过氧化酶测试	−4
家中的烟雾警报	−10
车中的安全气囊	−50
移动冠状动脉保护单元	−125
安全改进	−110

a 这些项目假设所有美国的能量是核能，UCS 是有关科学家联合会的缩写（全称为 Union of Concerned Scientists），最著名的一组核能量评论家。

资料来源：B. Cohen and Lee，1979。

尽管如此，恰当地说，比较存在的风险不是一个决策制定的程序，而仅仅是对直觉的一个帮助。这些计算不需要产生任何结论，比方说，比较骑摩托车和高龄的风险。

外现偏好法

正如 Starr（1969，1972）所讨论的那样，外现偏好法在考虑收益
80 和提供决策规则两个方面在简单比较的基础上都进行了改进。它假设在我们的社会任何技术所带来的风险和利益都已经基本上达到了最佳的平衡，并且它用同时期的风险和利益数据来揭示这种被接受的平衡。如果一项新技术的风险没有超过为社会提供相似利益的现行技术的风险，它的风险就被认为是可接受的。

Starr 尝试着通过一些常见的技术的死亡风险和经济利益来论证

外现偏好法的用处(见图5.1(a))。他提出了一些关于可接受风险的本质的假设：

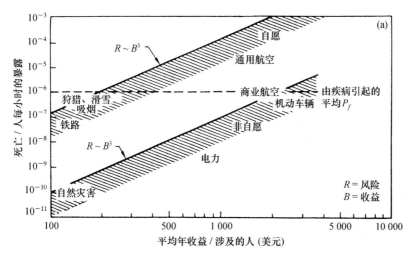

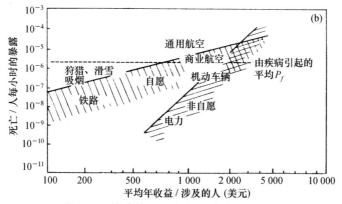

图5.1　统计的死亡率与经济收益的关系

（a）图由 Starr(1972)制作,(b)图由 Otway 和 Cohen(1975)重新分析制作。在两图中,死亡率由每人每小时的暴露死亡数据得到,收益反映了参加者个人平均活动花费和其在年收入中平均所占比重。在(a)中,最佳拟合直线通过误差边界反映他们的近似值。(b)是把自然灾害从非自愿类中删去后进行回归的。

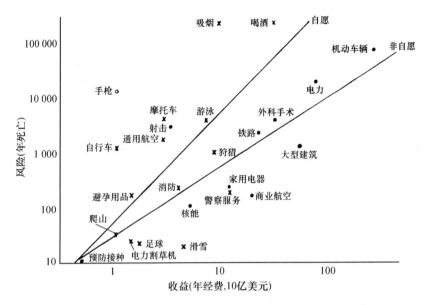

图 5.2 对 25 项活动、技术的风险和收益的一种可能评估

如果是自愿的,项目加 X 标识;非自愿的,用·标识。手枪和大型建筑不能简单地分入自愿或非自愿。它们在这儿用开口圆标识且没有包含在图中的两条回归线的计算中。

资料来源:Fischhoff, Slovic, & Lichtenstein, 1979, p.20。

1. 风险的可接受水平大概与利益的三次方(立方)成比例。

2. 公众愿意接受自愿活动的风险,如滑雪,这个风险大概是提供相同水平利益的非自愿活动所能够忍受的风险的 1 000 倍。

3. 风险的可接受水平随着受影响的人数的增多而降低。

尽管它的逻辑有一些直觉上的吸引力,外现偏好法还是有一些缺点的。例如,要令人信服地测量许多技术所带来的风险和利益是很困难的。Otway 和 Cohen(1975)重新分析了 Starr 的数据,得到了一些不同的结论(图 5.1(b)),同样,Fischhoff、Slovic 和 Lichtenstein (1979)根据相同的逻辑但用另一种分析方法重新分析了 Starr 的数据。外现偏好法假设当前的风险—利益平衡是令人满意的,与上述技术问题相比,这一假设所引起的政治问题就更加严重了。

各种外现偏好法曾经被用来回答这样的问题,生命的价值是什么？或换一句话来说,与存活概率的某种改变相对应的价值是什么？Thaler 和 Rosen(1976)观察了人们用职业的风险来交换经济利益的"市场行为",并发现需要大约每年 200 美元的额外费用,来促使危险职业(如,煤矿)中的工人接受他们每年意外死亡概率 0.001 的增长。假设这种权衡是所有有关人员都能接受的,他们推断社会应该 **82** 愿意支付 20 万美元来预防一个人的死亡。同样,外现偏好法在技术上的难题也是不容忽视的,Rappaport(1981)使用稍有不同的数据和计算方法所得到的数值是 200 万。

内含偏好法

对社会管理隐患能力的信任,可能趋使人们去检查它的法律记录而不是统计数据。法律遗产、民事侵权行为的案例和行政管理行为反映了人们的愿望与当时经济和政策的限制之间的折衷。人们可以通过鉴别法律行为内含的风险—利益平衡点并把它作为一个衡量其他风险的可接受性的标准,来试图缩短这样一个有时是相当曲折的磨合过程。

由下述原子能工业论坛(1976)的建议我们可以看到内含偏好法 **83** 的逻辑。该建议提出沿用核发电站允许的风险度作为设定将来可接受风险的参考。

至少为了管理的目的,如许可证和执照的审批,核能管理委员会已经认定了一个风险的可接受水平。虽然这个风险水平没有具体的 **84** 定量,但是现在有关反应堆安全的研究为其提供了一个比较的基准。

有了这样的背景,便可以根据一个新的问题是否严重影响了反应堆的整体安全来对它进行评估。如果一个问题被证明对反应堆的风险不会有严重影响,那么就没有必要对设计做进一步的变更。

反应堆安全研究显示超过 10CFR100 所提出的建议值的概率大约是 1×10^{-5} 每年每反应堆。因此,如果按照反应堆安全研究对反应堆风险的描述,一个超过 10CFR100 建议值的概率为 1×10^{-6} 每年每反应堆的事件不会严重地影响反应堆的安全(p.6)。

内含偏好法的倡议者,像民主程序(Lindblom,1965)的倡议者一样,并不宣称现存的制度是完美的。相反他们认为这些制度体现了人们以最大的努力满足他们的愿望同时包容充满风险的生活现实。内含偏好法的弱点就是民主自身的弱点:有些法律构思草率,编写拙劣;它们通常被沿用到编写时根本想不到的情况;它们精确的公式化可能反映了短暂的政治上的联合和公众的关注。

结果是,虽然对先前的案例给予了相当多的考虑,但法律遗产可能缺少一致性。在联邦、州、地区不同层次同时发生的案例可能并不协调。各种形式的法律行为可能无从比较并缺乏一致性;这些行为表现于法律(和他们带修辞色彩的导言)、规章(表现为性能、技术或模糊的标准)、法庭案例(和诉讼)、由联邦资助的风险减少项目等等。而且,这些形式的报告可能是不完全的。某些成功的风险管理没有被记载,因为它们的风险在没有法律干涉的情况下就是可接受的;某些不成功的风险管理也没有被记载,因为它们的倡议者的势力很强大、受害者的势力很弱小,或它们的风险被低估了。据我们所知,目前还没有人对作为法律行为基础的稳定的政策作全面的探讨(B. B. Johnson,1980)。

自然标准

到现在为止我们所看到的步步为营都有一个共同的弱点,就是它依赖于社会的现有决定,受到社会的神秘、错误和不公正的影响。也许安全标准不应该受制于特定的社会,尤其当风险是可迭加、可累积或不可逆的时候。与其去考察历史上具有指导意义的某一时期以展示社会智慧,人们也许更应该考察地质时代以揭示生物的智慧。于是可容许水平被认为是物种进化条件的特征之一。这些"自然"标准不一定是完全禁止性的,因为许多微量的危险的化学物质是生存所必需的,而且一定程度上放射线或化学物质诱发的变异可能对物种的生存和进化(如果不是对个体成员)有好处。由于人所接触的剂量从一个时期到另一个时期,从一个地方到另一个地方都不相同,因此人们可以确定一个可接受的剂量范围。

Agricola(1556)在 De Re Metallica 中表达的环境的不退化哲学是最早的自然标准之一。他提倡应该禁止可能带来比"先前自然状态下"存在的风险更大的风险的人类活动。在这种精神下,Settle 和 Patterson(1980)建议食品中的铅含量必须低于在考古物中所发现的水平;自然资源保护理事会建议全部核燃料循环对后代的风险应该不高于矿石床在被开采之前的风险(Rotow, Cochran, & Tamplin, 1979)。类似于原子工业论坛的建议,一个相关的方法提议忽略那些比社会已接受风险小的风险,而接受略高于自然风险的风险(国际放射保护委员会,1973;Maxey,1979)。图 5.3 对美国原子能委员会的标准与自然放射线水平进行了比较。它也将现在硫氧化物和氮氧化 **86**物的水平与背景水平进行了比较,以此来说明如何应用自然标准。

Adler(见 Weinberg,1979)建议把对自然标准的重点从放射背景的平均水平转移到物种已习惯的放射水平的范围上(当然是无害的):

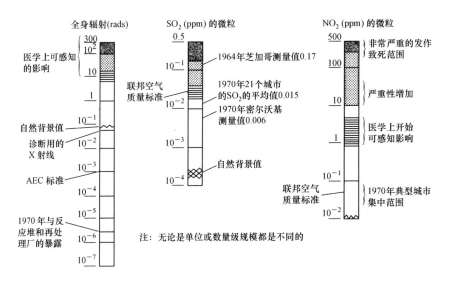

图 5.3 污染标准、背景水平、人为事故引起的放射性污染和放射线,SO₂ 和 NO₂ 对健康的影响的比较

资料来源:WASH-1224,U. S. Atomic Energy Commission。

与其尝试确定由很低的放射剂量所引起的实际伤害,然后去确定一个容许的剂量,还不如人为制定一个允许的剂量,然后与背景值比较。因为人们已经处于普遍存在的放射背景之中,所作的假设是在背景值基础上的一个"小"的增量是能被接受的,而且应该被用作标准。Alder 建议那个小的增量,对 γ 射线来说,应该是自然背景值的标准差——大概 20 毫拉德每年(Weinberg,1979,p. 10)。

自然标准吸引人的一个特点是它的设定不需要知道精确的剂量——反应关系;另一个特点是它避免了把结果转换为一个公用的单位(就像每个失去的生命其价值相当于多少美元)。虽然如此,作为一个政策的指南,自然标准方法还是有几个无明显补救方法的逻辑

87 缺陷:

1. 除非自然风险已经消失,任何新的风险都造成背景剂量的增加,并且因此引起有害物的过量和"非自然"危害(尽管确信在容许的范围内)。

2. 一些技术,例如炼钢,会产生很多污染。原则上,每种排放物都可能在背景剂量的基础上引起污染物可接受的微量增加。但是自然标准不能帮助决定什么时候污染物可接受的增加会累积到不可接受的程度。

3. 技术可能增加某种风险而减少其他风险(如,取代更"脏"的技术)。尽管权衡得失看起来是明智的,但是自然标准只能根据单一风险的增加来做判断。

4. 对于完全新的物质,不存在历史允许值。在这种情况下,一个自然标准政策将完全不允许这一物质的存在,除非它没有风险。德莱尼修正案,宣布了在食物中添加任何致癌物是违法的就反映了这个基本原理并且受到它的局限。

5. 自然标准的一个可能解释是历史上的死亡率为现在的死亡率设置了所允许的极限。由于现在的死亡率比过去的低,部分归功于现代技术,这种标准意味着现在的生活不需要任何进一步的控制甚至可以允许有更大的风险性——这个结论将很难被观察者所接受。

一般的问题

问题限定

步步为营的第一步是决定过去的哪些东西集合了智慧。是应该在现在(风险目录),不远的过去(外现和内含偏好法)还是遥远的过去(自然标准)去寻找接近完美的平衡点?当这些平衡点随时间波动时,我们是否应该依靠最新的数值,来自特别稳定时期的数值,还是极端值? 这些选择可分别被解释为权衡,局部平衡或重点限制过程的结果。

其次,人们必须决定要考察哪种风险。作为被考察的隐患的一个合理的标准是:风险是一个可限制的因素。也就是说,为了节约钱可以使人的活动变得更具风险(如,通过在设计、生产、规章上节约),或对安全措施增加投资可以挽救生命。图 5.1 和 5.2 所示的外现偏好法的分析就遵循了这个标准,但是它们所产生的结论不尽相同,它说明了只有对一个方法做出更全面的说明才能保证它们所产生结果的可靠性。

下一个问题是要对将与历史作比较的现在的隐患进行定义,特别是要定义隐患种类的范围。作为现时所容许的风险的笼统参考,Comar(1979b)争辩应忽略任何死亡风险小于 10^{-5} 每年的隐患(除非它不提供任何利益或很容易降低)。Okrent 和 Whipple(1977)对提供收益的技术提出了相似的临界值(如,加工商品)。贯彻上述任何一个步步为营的计划意味着必须决定一项技术究竟是什么。石棉刹车衬里和石棉线吹风机应被看作一个或两个技术? 集合和解体可能意味着低于临界值的一项技术或超过临界值的两项技术之间的不同。Kletz(1977)禁止可能导致化工厂工人的死亡率超过每 2 500 人一例的任何活动,他的条例所遇到的问题与有关略高于自然标准或内含偏好的风险不应予以考虑的提议所遇到的问题相类似。如果对矛盾的问题没有明确的指南,一个重要的事件可能被重新定义为一系列不重要的事件,每一事件所引起的风险都因为太小而被忽视。

一旦隐患被确定,人们必须决定他们要测量的结果是什么(死亡、事故等)。自然标准和风险目录方法都存在的一个重要的空白那就是收益是不被包括在结果之中的。对那些被考虑的结果还需要确定一个观察的单位(每人、每公里、每辆车)。Starr 选择死亡作为考察的结果并测量每小时暴露于危险中相应的死亡数,这样的选择是鉴于统计学方面和他个人对人们看待风险方式的考虑。当难以对在危险中暴露一小时进行定义时(如,手枪、种痘或吸烟),这个方案就会失败,如同其他指数(如,每公里死亡)因为不能适用于所有相关的风险而失败一样。指数的选择是非常重要的,因为不同指数可能将可接受风险问题放置于不同的角度。例如,降低开发每吨煤的风险可能增加每个矿工每小时工作的风险;以最少的生命消耗来开采一定量煤的计划对矿工来说可能是不可接受的,除非他们每小时的工作风险或工作周数也减少了(Crouch & Wilson,1979)。

定义步步为营问题的最后一步是选择调节变量,例如自愿性,它们使得对风险的可接受性可以有双重标准。当人们注意到在图 5.1 中的风险和利益之间的微弱的相关性时,调节变量的重要性就清楚显现出来了。社会在处理风险问题时试图用危险换取更多的利益,这种假设只有当自愿性被视作调节因子时才能成立。怀疑者可能问,在人们建立一个双重标准之前尝试了多少调节因子?如果尝试了很多,传统的成本—效益权衡就可能是人造的统计数字。

从对生命价值进行研究的外现偏好法中举一个相似的例子,在一些行业中(如,伐木搬运业)最危险的工作通常所给的报酬最低,**89** 也就是,根据风险来预测报酬的回归方程其系数呈负值。对这一问题步步为营者的回答将是,让我们根据统计学的原理用工作经验、灵活性、工作的稳定性或⋯⋯任何其他因子来建立一个(多重)回归方程,使得回归系数呈现正值。尽管那个方程将显示工人所承担的风险得到了补偿,但是人们一定会怀疑一个灵活的分析家是否总能找到一些调节因子来显示承担风险总是会得到报酬的。如果每个职业都需要一套不同的调节因子,那会怎样呢?如果因风险而得到的补偿只不过是一个统计学的解释,在现实世界中并非所有的调节因子都起部分作用,那么这将意味着什么(Meehl,1970)?

选择调节因子的逻辑标准是:(1)对所有的风险都很容易评估;(2)作为社会政策的基础具有实际意义;(3)不取代其他需要考虑的因素。例如,不自愿通常被作为社会需要更严厉的标准的充分条件。但是,一些风险缺乏很好定义(如,手枪、摩托车)。经验上,只有当它们有潜在的灾难性影响时才会被重视,这说明了不自愿可能并不是关键的变量(Slovic et al.,1980)。

步步为营提供了一个不完整的问题定义。尽管它们对一些事实和价值问题考虑得非常详细,但是它们忽视了这样一个问题,那就是存在哪些其他选择。无论选项的优劣或是否真正存在优劣,判断完全取决于每一选项的可接受性上。只有当两种方法中的一个超过了它的可接受极限而另一个还没有超过的时候,步步为营才能为两者之间的选择提供指南。

了解事实

尽管步步为营的所有方法对数据都有非常强的依赖性,但是不同的方法对于哪些事实是重要的却有着非常不同的概念。风险目录可以使用所有可以得到的统计数据,没有主次排序,也没有任何输入会被忽视。外现偏好法有相同的最低限度的要求,如果没有适当的有关风险和利益的统计数据,就应放弃对该风险的分析。

内含偏好法介于中间,法律的文本往往有较好的定义,但是所要求的广度和深度仍不明确。尽管对于抽样的认识使得抽样程序不太确定,但是抽样误差对结论有效性的影响却很少被讨论。

自然标准对数据的质量有最明确的要求。这种定向带来了一些不同的问题。尽管人们可能希望通过骨头或岩石中的残留量来评估

90

化学物的自然剂量,但是评估事故和感染性疾病的自然发生率大概是不可能的。此外,如果完成了这样的分析,那么它很可能会显示人们所生活的危险环境在历史的进程中产生了巨大的改变——大部分是变好了,比如传染病的发生率降低了。人们需要认真地质疑从生物的角度出发将复杂体系的一个组成部分恢复到它史前的状态是否明智(或重要)。

这章的前一部分所引用的步步为营的分析都依靠年平均死亡率来描述风险。但是,社会可能更关心与潜在的灾难性有关的标准(Ferreira & Slesin,1976;Rowe,1977a;Slovic et al.,1980)。虽然估计小概率的灾难性事件要比估计年死亡率困难得多,但 Farmer(1967)和其他人已经介绍了在由事件发生的概率和后果的严重性组成的二维空间里描述风险最新的经验(图 5.4)。假设人们相信图中所作的评估并且接受所讨论的时期来代表一个相关的最佳条件,核能的风险就会被接受,因为它处于涵盖所有其他风险的区域之下。当一项技术的曲线与其他曲线相交时它的命运将被讨论(如,水坝)。对于一项技术,人们必须决定曲线的哪一部分是最重要的。要这么做,人们就必须判断在事实上是事件年发生率的平均值还是事件年发生率的可能范围更容易被社会所接受。

另一个很流行的,可能应用于各种风险的指标是预期寿命的减少(表 5.2)。它也存在着问题。每一次商业性飞机起飞或降落平均使预期寿命减少 16 分钟,这样的信息使一些人受到启发,而一些人却被完全迷惑了。一旦一个人乘坐的飞机起飞了,他们争辩,他要么永久地死去(当然大于 16 分钟),要么存活下来,对他们来说预期寿命减少的平均值根本不能反映风险的本质。实际上,McNeil,Weichselbaum 和 Pauker(1978)发现当肺癌病人面对手术时他们关心马上死亡的可能性,同样也关心手术对期望寿命的影响。

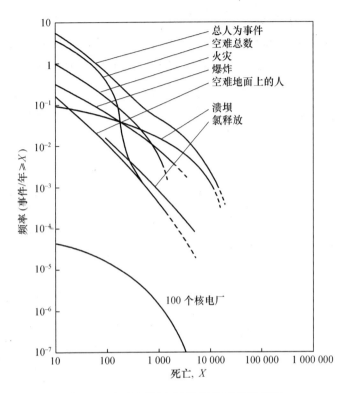

图 5.4　包含不同灾难数量的事件的频率

资料来源：U.S. Nuclear Regulatory Commission,1975。

评估价值

依赖于对过去的描述来为将来作指南就是假设过去的所有一切都是对的。使用自然标准，人们可能可以为这一论点找出依据——例如,进化论的理论宣称环境压力存在着一个最佳水平。证实这个经验性的主张并不能免除人们对价值负荷理论的疑问,价值负荷理论宣称施加给人们的压力有利于使人类的后代更完善并更富有生命力。

91

通过外现和内含偏好法，人们会清楚地铭记那些导致平衡的经济、社会和政治关系。因此，人们宣称社会不仅已经到达一个平衡，**92**而且是一个可接受的平衡。环境保护者和他们在"管理—改革"运动中的反对者都不可能接受第二个论点。如果根据他们的观点，我们现在的情况将被证明是一个非常局限的平衡。

如图 5.1 和 5.2 里所显示的集合的外现偏好法分析引起了人们对偏倚的进一步指责。像成本—效益分析一样(见第六章)，这种分析不能考虑谁付出和谁收益。因为它们忽略了平等的问题，所以这些方法不能给分配不均的选择提供指导，容易维护现有的不公平并引发更激烈的谴责。

一直以来，对一个方法的技术方面的考虑会给某些价值问题带来陈见。例如，像 Starr 那样，用总花费或总支出作为一个衡量效益的指标从而处于几个争议之中。因为这种衡量既包括坏的也包括好的，花在减少一个工厂产生的污染上的钱与这个工厂生产的产品的价钱是同等的。此外，人们忽略了任何形式下市场价格无法反映某一活动所造成的全部社会代价的可能性。例如，一个人假设香烟的价格考虑了吸烟者的较高的心脏病和癌症的发病率，并且杀虫剂的价格完全反映了它的毒副作用和使粮食增产的作用。取决于一个人看问题的角度，根据"总花费"杀虫剂的效益可能被低估或被高估。外现偏好法最易受到这样的批评因为它在定量收益方面投入了最多的精力。

总结我们所讨论的，尽管一个方法可以找到在所研究的时期内什么是最佳的选择，但这些只能说明什么风险是被接受的，而不是什么风险是可接受的。与 Hume 的格言"在 is 后面不见得一定跟着个 ought"相一致，Tribe(1973)和其他人指出对于未来的指南反映的不应该仅是社会想要什么，而且还应该是它应该要什么。以一个社区对修建大坝的争议作为一个例子，Tribe 指出，步步为营的分析能帮助社区将他们自己因建立大坝失去鸟类以及其他野生动物的评估价值，与他们自己对大坝可能带来的划船和其他活动的评估价值进行比较。但他还是不能清楚的揭示"那些价值应该是什么——社区应该怎样评估野生动物，社区的每个成员应如何看待并评价自然和另外一些因素（p. 656，回归于自然）。

处理人的因素

93　　也许除了自然标准外，所有其他步步为营法对行为都做了很多的假设。只有通过经验证明这些假设，步步为营者才能宣称他们描述性的结果用于预测的有效性。其中一个假设是一个分析所描述的状态，是平衡过程的最后一个阶段，而不只是一个中间点。因此，举个例子，如果人们相信社会和市场体系刚开始它们的调整过程以适应新的技术，新近的过去就不能作为未来的指南。未达到平衡的一个表现可能是迅速增长的风险（如，一个癌症的定时炸弹还未被认识和解决）；同样，迅速降低的风险（如，最近制定的规则的逐渐产生的影响）。

一旦达到了平衡，人们将会寻找潜在的最佳化过程的证据。自然标准的倡导者会设法显示人类进化或生存的理想环境压力的存在。人们有知识的、理智的决定使外现偏好法或风险目录的地位被进一步加强，因此可以说人们的决定反映了他们自己的最佳利益（Viscusi，1979）。第二章所引用的研究不支持这个假设。消费者通常并不询问不同选择的风险度，当他们这么做时，广告和商业策略也可能会拒绝为他们提供信息。例如，除非小汽车的购买者从设计的角度出发知道什么程度的安全是可能的，相应的价格是什么，除非工业提供不同的选择，否则市场行为并不一定反映购买者个人经过深思熟虑后所做出的成本—效益的权衡。

任何依靠市场机制来达到可接受平衡点的方法都依赖于一个令人质疑的假设,那就是当一个很长的时间间隔将在危险中的暴露和其后果分隔开来的时候(如,致癌物),市场机制仍是足够敏感的。如果一个新技术在第一次被介绍时人们对其潜在的致癌性还不了解,这可能会是特别危险的,特别是当后期的控制存在困难的时候(要么因为没有其他选择存在,要么因为工业已经有了大量的投资)。消费者和工人无法通过协商达成一个公平的协定。就算是对已知的风险,我们的社会机构免除了让许多污染制造者为长期的不良影响进行赔偿,否则他们将会破产。

指望当今社会机构创造出接近最佳水平的平衡,步步为营者们的一个选择是加强那些机构的功能。步步为营者们可以要求对新技术的性质进行更深入的研究,通过更好的项目来对消费者进行有关风险的教育,对法律机构进行改革使得有风险的技术其成本和效益得到公正的分配。如果他们成功了,我们的社会在不久的将来处理风险的经验就能在更远的未来被步步为营者们所发掘参考。

最后,一些步步为营的有关行为的假设看起来是相互矛盾的。**94** 例如,相信风险目录的人假设人们了解风险并且足够敏锐,因此能持续有效处理大部分风险,但在没有简单的决策帮助下又无法进展。所有方法除了自然标准法外都假设社会能很好处理风险,然而有些风险被处置失当以至于被踢出政治—社会—经济的舞台而受"持续"标准的制约。对于新技术,这些不同可能被解释为加快进程的一种方法。但是当步步为营被应用于以前(veteran)的风险时,分析者需要做一些解释:社会在通常情况下都处理得很好,但为何在这里不行?最后,如果社会是通过反复试验来调整风险,那么要求潜在的新风险屈就于依据老风险得出的标准就是公平的吗?如果不给一项新技术通过经济学方式减少成本、通过员工经验的积累提高产量或通过对竞争发展改善的机会,那么对它的裁判也许就太严厉了。

评估决策质量

表5.1和5.2令人吃惊地表现了对所提供的评估缺少认证。人们也许可以用这样的理由为这种忽略辩护,由于风险目录本身作为决策规则在逻辑基础上的脆弱更详细的说明(如,使用置信区间)也只不过代表了错误评估的不精确,因此一个粗略的排列已提供了这种分析可以提供的所有信息。然而这个争辩掩饰了风险目录对直觉的帮助。那些最需要这些帮助的人往往最不具备能力来推测这些风险评估所附加的条件或理解这些附加条件是如何削弱这个排列的结论的。

Starr 在外现偏好法分析的图表中(图5.1(a))的斜线表明了这个分析至少在一方面是不严密的——如他在最佳回归线上所标的。Otway 和 Cohen 对 Starr 的数据重新分析得到了图5.1(b)所示的曲线,如果把它们与图5.2所示类似的分析结果进行比较,那么图5.1(a)中整齐的斜线似乎让人们对所得的结论过于自信了。如果人们给每个点都加上垂直的或水平的误差条并在最佳回归线的周围加上置信区间,那么这些图就可能变得模糊难以辨认。Thaler 和 Rosen 采用与 Rappaport 相似的概念对生命的价值进行评估,他们所得的估计值之间有着数量级上的不同,这为我们对外现偏好法程序的可靠性提供了定量估计。人们需要用误差理论来决定什么是分析与分析之间的最大误差范围。如果超过这个范围,由于分析结果太不稳定,这些分析就不能作为公共政策的基础。

95　　虽然这些例子都涉及外现偏好法,但是所有步步为营好像对问题和其成分的定义的准确性都非常敏感。缺乏确定的对解决定义性问题的指南,分析程序就会变得不好定义并很难保证决策的质量。

这些分析对行为的潜在假设的不确定性使得分析变得更加不确定了。例如,我们知道人不是外现偏好法所要求的那样"有造诣的"决策者,而且完全自由的市场竞争是不可能的。特别是对于那些只有少数生产厂家或对国防至关重要的新技术。有一点是我们所不知道的,但却对评估由这些方法所得结论的质量极为关键,即如果这些分析失败了,分析方法所揭示的人们的最佳选择会受到怎样程度的影响。最后一个不确定是,外现偏好法理论最初是由经济学家发展用来处理私人物品和其货币价值的。我们不清楚在什么范围内它能被扩展应用于有关公共财产和生死攸关的决策(McNown,1978)。

步步为营法用于解决可接受风险问题的满意程度?

全面性

三个步步为营法的不足是显而易见的。风险目录和自然标准对风险的考虑极为详细,但是完全忽略了技术带来的利益。外现偏好法提供了一个利益的表达方式,但是不考虑这些利益(和风险)的分配问题。在另一个极端,内含偏好法反映了对它所描述的政治过程有影响的所有因素,然而它的全面性无法评估。

所有这些方法都忽略了可以考虑的其他选择。确实,因为它们是对特定技术的可接受性进行判断,当两个选择都通过或都没通过可接受性测试时,这些方法就无法为这二者的选择提供指南。从这个意义上说这些方法不能帮助决策者解决关于在二者之中选择一个的问题。

逻辑合理性

步步为营的强处在于它们所处理问题的宽度。比起其他方法，它们试图着眼于各种不同的风险以便于使用持续一致的安全标准。逻辑上它们使用的方法整体反映了社会或自然以经验的方式（即非分析的）对范围很大的一系列因素（如，经济压力、政治忽视、公共偏好、工程灵感）的综合。

96

步步为营的弱点是缺少深度。对于社会或自然的过程如何实施它们综合魔力的逻辑是不明确的，而且也未经经验验证。分析的细节也同样是很模糊的。结论对问题的定义极其敏感，而且似乎缺乏根据不同的选择进行决策的理论基础。

外现偏好法的一个目的是避免根据复杂的逻辑把风险和效益简化到一个公用的单位上。通过将所测试例子的风险和效益与目前被接受的风险—效益平衡点进行比较，这个问题被巧妙解决了。图5.4 的一个目的是避免将风险概率和风险大小的统计量简化到一个公用的单位。只有当有明确的规律出现，并且所测试的例子都符合那个规律时，这些策略才能起作用。随着相关维度的增加这种清晰变得越来越不可得——例如，当人们想同时考虑利益、致死事件的可能性、致死事件的严重程度，预期的残疾案例等的时候。当清晰度减少的时候，步步为营便不能为决策提供指南。

实用性

不明确的条件往往使步步为营分析的执行相当的困难。有时，任何可用公用单位来表达的数据都能被使用。当要求变得严格时，很快这些方法会变得无法使用。例如，以自然标准法来说，没有廉价的方法可用以评估地质时代周围环境中很多化学物的水平，没有可行的方法可以用来计算疾病或事故的发生率,没有可想象的办法可以用于确定新化学污染物来源的地理位置。对于外现偏好法或风险目录,可能无法用一个公用的单位来表达一套相关的风险。即使理论上存在着一个公用的单位,也并不见得适应于我们所处理的风险。作为一个系列,不同的风险可以用不同的单位来考虑,如每小时的风险、每单位产品的风险、年死亡人数或者它们的最可能后果。最后,对一个分析所需要的单位进行定义可能是很困难的。例如,什么是暴露于手枪之下一小时的风险? 来自如抗生素处方和摩托车的风险有多少是自愿的? 发生在去机场路上的交通事故是否应该被包含在飞行的风险中?

公开评价

像其他计算方法一样,从理论上来说步步为营的分析是非常容易被理解的。尽管如此,像其他方法一样,其潜力在某种程度上受到一些来自理论和实际问题的破坏。分析的目的之一是让接受者理解问题,提高他们的直觉,然而当实际条件、假设和分析的局限性没有得到足够的重视时,实际的操作问题就会出现。例如,表 5.1 和 5.2 最开始的分析几乎没有注意到外行人如何解释非常小的概率,他们会给表示的那些单点评估值的精确度怎样的解释,或者他们是否考虑统计的科学可靠性问题。来自核能量的风险与骑摩托车 3 公里的风险是一样的,这样的陈述可能会迷惑很多人而不是启发他们。对感知的过程没有更深的理解,帮助直觉的努力所得到的结果可能只是使它更迷惑,甚至会刻意地从修辞角度去挖掘它的弱点。

在 Starr(1969)对结果的最初报告中,他认真、详细地说明了分析的局限性。虽然他的清单中包含了这里没提到的几点,但是仍然

97

忽略了在这章的前面部分所讨论的很多外现偏好法在政治上的或概念上的局限。我们刚刚开始全面理解这些局限。即使这些分析伴随着一个全套的附加条件,接受者可能仍然会感受到不知如何处理它的压力。当一个方法存在着这样的基本问题时,就是最完美的应用也很难说是否能为社会决策提供指南。

政治可接受性

步步为营法的核心依赖于两个强大的政治假设:一个是过去是成功的,因为其居民能实现他们合法的目标;第二个是以同样的方式将来也会成功,也就是说,过去的目标就应该是我们现在的目标。明确地说,这些假设对于许多人来说是站不住脚的,特别是那些认为社会还不完善的人。他们觉得有关社会稳定、有效的、迅速反应的论点只是那些喜欢维持现状的人所传播的一个神话。

使用步步为营法还需要其他伦理上的假设。缺少对分配和公平性的考虑就是其中的一个。另一个假设是对利益的衡量是精确的。例如,自然标准忽略了中期的利益(如,收入、创新、雇用)而侧重于模糊的长期目标如物种的存活或生态系统的完整性。不论好坏,这种抽象和绝对的标准在政治斗争中可能很难取胜。然而从另一方面说,没有这些标准通常就不会有人为后代的利益进行商讨(或"少数"物种,或没经济价值未被认识到的植被)。通过选择一个相关的过去和一套相关的风险,分析者可能对其他价值问题产生陈见,从而面临知识渊博的观察者的质疑。

与权威结构一致

虽然广泛地参与了现代的风险讨论,步步为营的分析在现在的

98

公共机构中几乎仍然没有合法的位置。德莱尼修正案将自然标准强加于食品药品监督管理局，但是这个修正案很少被提及甚至更少被引用说明了即便在那里它也是不合适的。也许步步为营法最大的成功是在国际射线保护委员会，在这个大学团体的审议（如，K. Z. Morgan，1969）中持续提到了背景剂量，他们的建议也被应用于许多不同的方面。除此之外，步步为营的分析更多的是在科学和技术评论杂志中而不是在联邦注册或联邦法规中出现。

因为它提供了特殊的指导，不要求公众参与，并且采用了一个简单的、狭窄的问题定义（通过忽略多种选择），步步为营应该很适应用于官僚的管理机构的程序。由于它建议执行标准，步步为营还应该在专业机构中找到位置，专业机构的成员可以为问题寻找不受设计标准限制的建设性的解决方法。尽管发展的不好，但是内含偏好法看起来更容易适合现存的机构，因为它假设那些机构的工作做得很好，他们需要的只是按现在的方式做得更快。内含偏好可能过于适应现有机构以至于它既巩固了好的实践也巩固了坏的实践。

尽管如此，我们怀疑问题定义的不确定性将使步步为营的裁决在法庭（或其他）挑战中容易受到攻击。在任何具体的应用中细节有决定性的作用，然而要对细节的选择进行辩护是很困难的。例如，德莱尼修正案的实施问题很大程度上反映了尚未解决的关于零风险的争论，这一场争论是由 20 年以来科学在检测化学物毒作用方面的巨大的进步所引发的（Bradley，1980）。

有益于学习

因为他们收集了长期的经验，所以步步为营的分析提供了一个长远看待事物的角度。因为它们提供了一个系统的方法来包容新的科学信息,所以他们促进了有关不同风险的综合知识。因为他们考虑过去,所以他们保证将现存的智慧纳入持续的标准。

尽管如此,在作为未来的参考上他们也许并不那么成功。虽然步步为营重视吸收过去的有关其他风险的标准,但是它没有考虑它的决策的累积影响。接受许多可容忍的风险可能导致总体风险负担达到一个不能容忍的程度。此外,步步为营法最可能的应用是有关新技术可接受性的决策。新技术需要通过许多测试而我们所熟悉的其他技术很多并没有通过这样的测试。这种双重标准可能被看作是创新的一个障碍或是对社会总体风险负担的一个反应。从公众的观点来看,减少现在不可容忍的风险水平的一个方法是禁止任何新技术,除非它们能减少人们对正在使用的更危险的技术的依赖性。

总　　结

步步为营假设通过一个调整过程在我们的社会或自然环境中已经产生了一个几乎最佳的风险和效益的平衡,因此对过去和现在政策的描述为未来提供了合理的指导。如果社会已经能很好管理风险,那么这些经验就能被编成法典并应用于将来的决策。避开昂贵的反复试验,实际上通过步步为营法我们能有效提升自己。

第一眼看起来简单和吸引人的方法,在仔细的检查之后可能会变得不可行了。风险目录浅显并可能误导人,因为它忽略了利益、公平、潜在的灾难性和不确定性。外现偏好法考虑收益,但是依赖于有关人类行为和市场数据有效性的大量无切实根据的假设。虽然内含偏好法可能最具包容性,但是如果考虑到政府决策通常的杂乱无章,这个方法的意义就不大了。即使这些方法能在一些理想的过去中确定人们想要什么，但它们没有考虑人们应该想要什么。自然标准法受到社会的缺陷影响较少，但是它对经济问题的不敏感性导致在政治上是不切实际的。

最后，所有四个方法都没详细说明它们实施的重要细节，使得它们作为决策规则太不严密。步步为营的分析第一眼看上去是一个启发我们直觉的自然的方法。但是，事实并不会自己表现出来——除非听者已经知道了他们想听什么。当必须对事实进行解释时，步步为营分析潜在的逻辑上的弱点使它们的结论充满疑问。

100

第六章

正规分析

正规分析旨在通过基于正式定义的推理原则的分析方法来澄清可接受风险决策问题。成本—效益分析和决策分析是这种分析中两个最重要的代表,也是我们最关注的两个方法。正规分析的所有方法都试图对被推荐的行为选择的优缺点进行评价和比较。它们的过程分为四个步骤。

1. 定义决策问题,列举所有可选择的行为和所有可能的后果。列举的范围是决定分析充分性和可接受性的关键因素。

2. 描述这些可选择的行为和后果之间的关系。这一步骤可以使用复杂的数学方法或结构模型。这种方法通过把复杂的难题分解成可解决的部分,体现了一种各个击破的战略。这些部分包括用于描述物理过程、市场行为、剂量—反应关系等的模型。大部分决策分析和部分成本—效益分析定量表达了可能出现的结果概率特性。

3. 所有后果都用一个共同单位来进行评价,在成本—效益分析中,货币价值是价值的评价标准,决策分析则在主观上对财富或效用价值进行判断。

4．通过综合分析的组成成分所产生的基线数字来评价行为选择。在成本—效益分析中,这个基线数字代表了一个选择投入和受益之间的差值;在决策分析中,它代表了行为选择的预期效果。通常,人们用审查程序(如,敏感性分析)对这些数字的可靠性进行评估。

如果这些分析手段被用于可接受风险决策,那么基线表现最好的方法就应该被接受。如果人们接受一项技术的潜在假设并使用这项技术,就应接受由它提供的建议。一个较中立的观点认为即便是一个最好的分析方法,因简单化了假设和缺陷也只能作为人们决策中的一个辅助。这个观点认为,分析的目的是澄清问题的事实、价值和不确定性,从而帮助决策者凭借其自身直觉来轻松进行选择。 **101**

成本—效益分析

成本—效益分析有很多不同的名称,包括效益—成本分析、风险—效益分析等等。标识中带有"风险"这个词的技术通常都把重点放在对生命和人体的威胁上。一些成本—效益分析也是同样。另外,许多不同的技术也采用成本—效益分析这一名称。这个标志已经被用于任何对单一或多个选择所进行的经济收益和损失的特定分析。尽管如此,为方便起见,在这里"成本—效益分析"这个术语将用于代表那些有最坚固的经济学理论基础的分析方法。 **102**

S. Harris 画　被纽约杂志批准再印。

概念性的基础

成本—效益分析第一次受到重视是在 20 世纪 30 年代,美国军队的工程师用它来评价水资源项目。它起源于经济学理论,特别是经济学中的社会福利和资源分配。某种程度上沿用了会计学的精髓,成本—效益分析综合了一个方案正反方面所有结果的价值。这些价值被定义为个人偏好(或者主观评价)。为了研究目标方案的经济效率,经济学理论的工具被用于估计这些偏好,特别是它们在市场行为中的表现。被选择的项目最大程度满足了效用标准(即由于考虑了所有受影响者的成本,故在收益上占很大优势)。莱亚德(1974)和 Stokey 和 Zeckhauser(1978)所著的书对成本—效益分析的基本原理进行了解说;Mishan(1976)的书则提供了更全面的讨论。

成本—效益的简单加减忽略了收益对象。帕累托最优化原则是用来处理公平的利害关系的:如果一种行为能增加社会中至少某一个成员的经济状况,而不损害其他成员的利益,那么它就是可接受的(甚至是受欢迎的)。许多社会政策在让一些人获得利益的同时伤害了其他人,因此违反了帕累托原则。在这种情况下,要满足帕累托原则,只有通过直接(如,商业补偿)或间接的方式(如,对受损失者免税)让那些受益者补偿那些受害者。建立可行的赔偿方案的难度促使在帕累托原则的基础上进行改进而发展出一个较为宽松的原则——"潜在帕累托进步理念"(也被称作 Kaldor-Hicks 原则)。根据这个原则,如果获益者能够赔偿损失者,这个行为就可以被接受,在实际中却不要求真正这么做。这个原则通过最大化总效益和总投入之间的差异来使选择方法合法化,而不考虑效益和成本的分配。

在追求经济效率时成本—效益分析试图包括所有具备经济学价值的后果,而排除所有不具备经济学价值的后果(Parish,1976)。对"具备经济学价值"这个词组可以有不同的解释,特别是当人们要决定是否包括美丽的自然风光或国家荣誉这样的"软"价值时。许多实际应用者只评价那些容易转换成市场价值的商品和服务(如,建筑成本、销售额和报酬)。通过使用需求原理、假定价格和类似的理论,间接经济学评价方法可能扩大与货币价值相关的后果的范围。但是,对于允许这些方法在多大的范围内包容政治和社会性的后果还存在着分歧。一些分析家争辩说非经济学后果的引入会扰乱分析, **103**

会模糊单纯的经济学事实并阻碍"清晰的解释和社会推理"(Mishan, 1974,p.91)。按 Parish(1976)的话来说"我们应该把原本属于凯撒的那些东西还给凯撒,我们的主要专长和责任在于搞清财神的工作。我们显然不应该试图扮演上帝的角色"(p.314,回归自然)。

尽管列举、计算并总计后果的货币价值的设想是直接了当的,但它执行起来可能会很困难。为追求评估技术的可信度,一些经济学的影响必须被忽略。专业文献已经充斥了对其他问题产生的大量相互矛盾的技术性评论和反驳。看来对于像"确定生命的货币价值"这样的问题是不可能在近期内得到解决的。

成本—效益分析的变量

成本—效果分析 在一些问题中,所有的选择都有相同的效益。比如,一个化学公司可能有一系列方法使工人对有毒物质的吸入降低到一定标准以下。因此这些方法的效益是等同的,成本就成为唯一的问题。在另一些问题中所有的选择都有相同的成本。例如,化学工厂要固定一笔钱来保护工人。那么这个问题就变成了如何用这笔钱最大程度的降低毒物的吸入量。

两个例子中不需要把成本和效益换算成统一的度量单位。成本—效果分析是用来揭示哪种选择可以使固定投资产生最大效果,或者可以用最小开支达到预期效果。因此,它避免了直接将所降低的风险换算为经济价值这样一个棘手的问题。当然,人们赋予工人健康的价值是间接通过对风险降低程度值或计划开支的决策影响分析。

有机会避开对成本和效益的价值的比较,成本—效果分析的一个弊端是可能导致人们把问题过于简单化。例如,人们可能不去问

（1）根据问题的严重性,这个预算太大还是太小。（2）公司是否可能通过其他方式更好的使用资金（如,用于难以对收益进行比较的其他安全措施或用于增加对工人的赔偿）。（3）不同选择之间是否存在着细微的差别致使它们的成本和效益并不像看起来那么相同（如,成本较高的过滤器可能还能去除其他污染物）。尽管所有的技术都可能把问题限制得太窄或忽略细微的成本和效益,但是对于成本—效益分析来说这种可能性会更大。

104

利用成本—效益分析来确定可接受风险

像其他正式的决策制定工具一样,成本—效益分析可以被认为是一种方法也可以被认为是一种辅助工具。也就是说,人们可以用它来确定哪种选择在利益和风险的权衡中具有最大优势,或者在决策时仅仅把它作为一个指南,并同时考虑其他因素。对比 Rowe（1977b）提出的四阶段过程来协调这些方面的因素,第一步分析直接的经济效益和成本。如果前者大于后者,接着在第二步将分析间接的和非定量的结果,然后分析进一步降低风险所需要的成本（第三步）。Rowe 注意到"这个关于降低风险方面分析的核心问题是确定一个充分降低风险的界点"（p. 962）。但他也认识到要明确"足够"的意义是很困难的。第四步用社会现时的操作方式作为参考来调节不公正性。因此,最后的这一步就是使用步步为营来拓展一个正规分析。

Rowe 的建议使得成本—效益分析中因忽略而产生的问题反而比其解决的问题还多。例如,它没有回答怎样将第二步的非定量结果综合到正规分析中去? 决定需要支付的风险降低量的准则是什么? 哪种用于解决不公平性的步步为营法避免了第五章所讨论的问题?

决 策 分 析

决策分析起源于 Neumann 和 Morgenstern 发展的个人决策理论。决策理论是一个在不确定情况下做选择的公理,它也是一个具有指导意义的理论;如果人们接受公理及其在实践中的解释,人们就应该按照公理的建议进行选择。决策分析在经济学、运筹学和管理学的辅助下应用决策理论。在 R. A. Howard,Matheson,和 Miller(1976),Keeney 和 Raiffa(1976),Raiffa(1968)和 Schlaifer(1969)的著作中可以找到关于公理与应用性方法论相结合的具体讨论。

一个完全的决策分析有五个主要步骤:

1. 建立问题的框架 分析家通过找出相关的选择、后果和不确定性的来源来定义决策问题。结构模型被用于表达这些元素间的内在联系,这些模型的建立和运用既需要专业特长又需要良好的判断力。

2. 评估概率 用概率来定量现在和将来世界情况的不确定性。决策分析学家认为概率是个人信心的表达,而不是事物的特征。因此,概率通过征集决策制定者或专家的判断(Spetzler & Staelvon Holstein,1975)来确定。

3. 评估偏好 成本—效益分析通过分析市场数据来量化偏好,与此不同的是,决策分析使用的是主观价值即效用来判断,因此决策分析在原则上能包容决策制定者认为恰当的任何方面考虑。决策分析可以包括货币成本等"硬因素",也可以同样容易地包括美学或使某议员满意等"软因素"。

这一过程也可以包容对风险的态度。例如,一个分析员可以反应决策制定者对安全策略的这样一个态度,喜欢保证能救 50 个人的策略,而不喜欢有 50% 的可能性可以救 100 个人的策略。这种态度称作风险规避。即比起不确定结局,人们更偏爱可以预料的结局(也就是说,它的结局已经考虑了发生的可能性)。冒险倾向则相反,表现为偏爱在赌博中的不确定结果胜于确定的结果。

当某一结果同时存在几种不同价值时(如,一个成功的手术既可以减轻痛苦也可以延长生命),成本—效益分析就简单把各种成本和效益加在一起。在决策分析中,还存在其他迭加规则(如,当效用某一方面的价值依赖于其他方面时选用的乘法规则(Keeney & Raiffa,1976))。

4.评价不同的选择 用总的预期效用来表示每种选择的吸引力,这相当于考虑各种结局发生的可能性之后对所有可能结果的综合。最大预期效用揭示了最佳选择。

5.敏感性分析和信息的价值 从两个方面重新对分析进行考察:(1)能否删除与最后决策无关的成分从而简化分析?例如,一个在所有方面都表现很差的选择就应该被剔除。(2)在某些方面对结构、功效或可能性作合理改变能否导致不同的选择?两个方法可以用于分析的重新考察。敏感性分析每放弃或增加一个或多个成分,或使用一个或多个不同的效用,或可能性,便需要重复计算一次。当一个至关重要的成分被发现时,信息价值分析被用于评估进一步收集可能改变决策的信息的价值。例如,计算所得完善信息的价值为不完善信息的价值提供了上限。

使用决策分析确定可接受风险

由于决策分析的主要元素(可能性、效用、问题结构)是主观的,所以它们必须来自某些人。尽管如此,在社会决策中,很少有一个实体(如,个人、一个组织)是最后决策的仲裁者。当不得不考虑多种效用或概率判断时,在多种指导可接受风险决策的途径中的一个可能会用到决策分析中。

开始时,分析者可以准备几个完整的分析,每一个都反映了一方的观点。Gardiner 和 Edwards(1975)发现当两个意见相反的团体,如房地产经纪人和自然资源保护学家,只用他们自己的直觉来对沿海地区问题的解决方法进行优先排列时,双方之间存在很大分歧。但是,当他们产生的排列顺序来自于简单化的决策分析时,大部分分歧会自然消失。

另一个途径是尝试在判断中达成共识以期找到一种双方都同意的分析方法。这种共识能反映一种折衷的态度(如果您放弃那个,我就放弃这个;用投票的方式;取平均数)或真正的一致。那种一致意见可以看作是代表了一个假想的超级决策者的观点。

Keene 和 Raiffa(1976)建议甚至在各团体不能达成共识时也使用超级决策者理论。超级决策者能够通过使用理论合理的判断技术把不同专家的概率判断纳入到自己的意见里(如,Morris,1974)。整合不同的价值观通常需要公共政策制定者做出的假设,这些假设可以准确反映社会整体价值。一个不太冒失的做法是找出不同参与者的价值(环境学家、政治家、厂商、有影响者等),然后,由超级决策者来决定每一个价值相对的重要性(von Winterfeldt,1978)。

虽然正规分析能帮助达成共识,但它也可能带来分化的观点。公开阐述一个人的观点会坚定人们对这些观点的许诺,这样不利于折衷。领袖会站在极端的立场来确保跟随者对他的忠诚。最后,当各个参与团体获得正规分析的经验之后,他们可能会夸大自己的地位从而使分析偏向于他们的喜好。当各个参与团体不能在选择上达成共识时,就需要其他程序来补充决策分析。

一般的问题

定义问题

高质量的正规分析始于对一个问题谨慎的定义。然后在问题框架中讨论其不确定性和价值。一个公开和直截了当的问题定义既能降低忽略主要因素的可能性又提供了接纳新观点、方法、信息的机会。在问题定义的过程中,成本—效益分析能整合所有经济结果;决策分析则能整合决策制定者能够判断的所有结果。虽然这两者都能综合各种选择,但他们对系列选项的处理方法有所不同。决策分析同时考虑所有的选择方案,而成本—效益分析通常只把重点放在所建议的选择方案上;其他选择只是在分析机会成本时用于表示资金的其他投资方式。

对问题的定义不加限制的一个必然后果是缺乏指导。一个模型可以包含所有的部分(如果有足够的来源)但却不见得是必需的。由于资源的限制,一个正式的模型不可能包含所有的成分,它必须简化和忽略一些部分。模型可以从简单、直截了当的草图开始,然后在每一次的修改中不断地加入更多的细节、元素和子模型。成本—效益分析通常不能确定什么时候模型可以完成。当决策分析家相信对模型的进一步修改不会对方法的选择偏好有重大影响时他们就会停止分析。当正规分析家有很广的知识面时,他们往往不能为仅满足于狭隘的问题定义的客户提供一个独立的观点。相反地,为可接受风险问题提供决策的分析家可能会利用他们丰富的知识来向客户挑战。为了减少这种问题,分析家必须是某一特定领域的专家,或者拥有好的处理人际关系的能力来引导客户或专家做更广泛的思考;另一个矫正狭隘范围的方法就是吸收能够提供不同观点的团队(尽管这一步会使一个原本唯一、集中且有共识的分析复杂化)。

虽然批评家们通常抱怨分析范围过于狭窄,但分析范围太宽也存在着危险。一项分析可能变得太大以至于笨拙得无法操作,结构变得太复杂以至于内部关系变得模糊,需要输入的信息太多以至于无法精确计算。确实,一些分析家可能会辩驳他们在进行快速、有限制的分析时效率最高,而这些分析可以为狭义的问题提供系统性的理解。在某些情况下,成熟的分析对确定性的承诺会超出分析本身的能力。在其他情况下,时间压力可能为有意识地忽略某些成分提供了借口。例如,对于新许可上市药物的副作用接踵而至的抱怨,可能会导致管理机构在快速分析中忽略了在正常情况下需要考虑的非常重要的因素(如,药物的召回对药物创新的影响)。当然,从长远来看,持续地缩小焦点,通常发生于经常在紧急状态下运作的机构里,这样会导致对重大问题的忽视。

了解事实

正规分析允诺它能有效有条理组织事实。原则上,正规分析能处理与问题定义相兼容的任何事实或估计。决策分析通常考虑事实的不确定性,但是成本—效益分析却很少考虑。不确定性可以通过敏感性分析来体现:用每个元素的最可能的形式进行分析得出最佳推测,然后使用元素的其他的可能形式重复同样的分析。不确定性也可能以计算选择效用的概率来表达并被结合到分析中去。

虽然成本—效益分析和决策分析都使用概率,但它们却用不同的方法解释概率。决策分析持有主观主义者的观点,根据这个观点,概率代表个人对世界的信任程度,而不是世界的属性(Kyburg &

Smokler, 1964；Savage, 1954）。因此他们对罕见事件的概率（如，以后 6 个月中主要的国际冲突；一个没有经过试验的新药的致畸性）和已知频率的重复事件的概率（如，在一万次手术过程中丧失功能的瓣膜）进行自由推论。甚至，他们认为从频率计数外推到预测需要通过人的判断，因而具有内在的主观性（如，要使用过去的失败率，人们必须相信未来这种瓣膜以后基本上会暴露于与过去相同的状况下）。

虽然概念上并不如此要求，但是大多数成本—效益分析家都将可能性表达为出现的频率，并以此作为事情或过程的特征。这个观点使得把频率数据和主观判断联系起来或处理没有相对频率的不确定性都变得很困难。

对于判断的依赖允许决策分析家们拓宽分析所代表的实际情况的范围，也使他们特别依赖于那些判断的质量，因此分析在面对第二章所讨论的判断的模糊性，尤其是估计的不确定性方面很容易受到挫折。虽然一些分析家已经对概率的推导问题进行了大量的思考和研究（如，Stael von Holstein & Matheson, 1978），但是人们仍然怀疑决策者或专家在一项分析中到底能获取多少判断技巧。

评估价值

正规分析的一个强项是，许多价值问题都有与它们在社会决策制定过程中的中心角色相适应的且明确的定量表达方式。不同的观点被公开提出来，从而人们能够通过正规分析来确定哪一个是影响最终决策的最重要因素。这些过程已经帮助解决了一些棘手的价值方面的问题。

不稳定的价值　人们的偏好会随着时间发生显著变化。然而，从历史的市场数据来推断偏好，成本—效益分析假设不变的价值观。

从原则上决策分析家可以问人们今天想要的是什么以及在未来他们想要的会是什么(在他们经历了今天的决策的结果之后)。但是价值不需要表达得很清楚。当人们不知道他们真正想要的是什么的时候,成本—效益分析和决策分析都不适用。确实,决策分析家们经常问一些陌生的问题,例如,为了使您今年死亡的概率降低10%,您能忍受在不舒服的医院里呆多少天。就算是比较熟悉的问题,在诱导性提问的技术上的微妙变化都能导致非常不同的答案(见第二章)。对经济数据的依赖不可能使成本—效益分析对价值观的变化免疫;推销的本质是操纵人们不确定的价值观,改变他们的偏好并产生他们从来没有过的愿望。

非经济性后果   因为决策分析对后果的评价是通过与其他后果作比较而不是把它们转化成货币价值,决策分析在分析非经济学结果时(如,家乡自豪感、美丽、物种保护)是不受限制的。但是成本—效益分析仅能处理经济结果,特别是那些容易用美元来定价的结果。例如,Walker 和 Bayley(1977—1978)曾尝试性的建议评估围绕一片湿地修一条高速路每年的"环境"成本为(1)教育价值:5 万个学生旅游者每人 5 美元,(2)娱乐价值:500 个钓鱼旅行团每个 24 美元、100 个划船旅行团每个 24 美元和 50 个赏鸟旅行团每个 55 美元。这样一个程序忽略了许多内在价值,这些价值包括保护湿地和其中野生动物的价值或人们贡献出来,但并没有在他们的旅行消费中体现价值。逻辑上它的价值对住得近的人来说要小,对那些远道而来参观(而且消费更多)的人来说要大。

生命的价值   为了给失去的生命一个准确的价值,就像给别的东西赋予价值一样,成本—效益分析必须找到与它相当的经济价值。不幸的是,"如何对生命进行评价没有广泛一致的意见,甚至更令人吃惊的是,还尚无人宣称已经为生命评价找到了正确的程序" (Zeckhauser & Shepard, 1976, p. 419; Jones-Lee, 1976; Linnerooth, 1976; Schelling, 1968)。

　　根据一个传统的经济学方法,一个失去生命的价值等同于要赚取与死者的收入等量的钱所需要的投资。根据这个观点,那些在社会上报酬低的人价值也低。那些没有收入的人(如,家庭主妇)就没有价值和那些"向社会索取的人"(如,退休人员)就会有负的价值。这个方法还忽略了各种潜在的致命赌博对社会结构的影响,更不用说对家属的非经济方面的影响(Schelling, 1968)。在第二个经济学方法中,生命的价值等同于法庭判决的赔偿金额,它也许能反映疼痛和折磨,但在其他方面并不比第一种方法好(Holmes, 1970)。另一种经济学方法着眼于让工人接受更高的工作风险所需要的金融赔偿。像第五章里所讨论的,这种外现偏好法由于技术上的困难和过于强大的行为假设而失败了,这些行为假设是有关工人们对他们所暴露的危险的了解以及他们与老板讨价还价的能力。

　　市场方法的局限所带来的困扰促使一些成本—效益分析专家倡导一种传统的决策分析方法:直接问人们对于他们生存概率的改变愿意支付的金额是多少(Acton, 1973; Linnerooth, 1975)。在这些努力中,对人们愿意付多少钱来避免危险和当他们被强加于一个危险的时候想要多少赔偿之间人们必须在理论上有一个明确的区分。后面一个价值适用于非自愿性风险问题。因为后者往往比前者大,混淆两者可能低估生命的价值。

　　在决策分析的范围内,R. A. Howard(1978)提出应该关注的是一个人对自己的价值,而不是他对其他人或对经济的价值。他还进一步提到当死亡的危险很大的时候,把无限的价值赋予生命不能说是不理智的(如,拒绝有80%死亡机会的赌博,无论赌博换取的收益有多大）。用有限的钱来换取死亡危险的少量增加也不能说是不明智的。他建议问这样的问题:我需要付多少钱您才愿意吃下一片有 0.001 概率引起无痛猝死的黑色药片（Greene,1980）？为这个问题提供一个合理的答案,Howard 计算了"生命的小风险价值",它介于100 万美元到 400 万美元的范围内。相似的技术可以用于对任何可以想象得到的缺少肢体或健康的情况进行评估（Calabresi,1970）。

111 不幸的是,在一个难题上的新问题可能造就信息缺乏和易变的答案。

不论存在多少缺点,用不同的评价方法所得的生命价值只相差一个 20 倍的因子（20 万美元到 400 万美元之间）。用这些极端的价值进行敏感性分析可能导致相同的决策,当然它们可能有着相同的偏倚。

未来的成本和效益 在成本—效益分析中,先根据未来的经济价值来计算未来的结果（表达为现在的美元）,然后再应用一个折合率来折合成它们现在的价值（相对较低）。人们假设未来的结果比现在等价的结果价值低,其基本原理是我们可以投资一个较小的量: K_0,而不是今天的总价值: K, K_0 可以通过一定的时间逐步增值到 K。在 N 年里使 K_0 增长到 K 的投资回报率叫做折合率。K_0（K 折合后的现在价值）代表了一种机会成本。它代表了如果 N 年后人们必支付 K 的话,人们现在可以用于其他方面的额外投资金额。

从技术上说,当决策对所用的折合率很敏感,并且对正确的折合率缺乏共识时,折合会受到阻碍。例如,Schulze（1974）提出,如果我们想最大程度减小我们的后代对今天投资决策的遗憾,我们应该用零折合率。由于不能找到被普遍接受的折合率,国家科学研究院专家小组建议在敏感性分析中使用不同的折合率（希望它们能够导致相同的建议）。

从概念上讲,当成本和效益不能被转化成产出利益的投资时,折合会受到限制。如 Lovins(1977)所说:

> 在过去,应用风险折合来计算偷工减料建造的英国大桥和在 20 年内有可能随时落到人们的头上的建筑物的后果是一直很有吸引力的。根据 Her Majesty's Treasury 所建议的 10% 的年折合率,一个 20 年内的风险的价值是现在同等风险的 15%。然而,英国权威机构逐渐认识到,安全和生命不能像钱那样通过储存获利,因而折合风险在道义上和在理论上都是不合理的(p.918)。

英国市政工程师往往被指责过于谨慎的事实(A. Cohen,1980)说明了专业判断弥补了这个经济学推论。

即便是很小的折合率长期迭加的速度都可能导致荒谬的结果。Mishan 和 Page(1979)显示传统的折合方法估计在 100 年内禁止使用一种今天假设的化学物所需的投入几乎是未来国民生产总值的十倍。

决策分析根据决策者对一个时期内不同投资和效益的偏好来处理未来结果,这些偏好可能会反映在折合率或任何似乎有关的事物上。Owen(1978)发展了一个很不错的决策分析模型来处理不同时代的价值转换问题。"为了把 2080 年的生活质量提高 5%,您现在愿意花多少钱?"问题的答案被用作分析模型的输入。

公平 用于指导成本—效益分析的潜在的帕累托改进规范,明显忽视了公平因素。虽然一些分析学家为避免不公平分配效应提议使用权重的方法,但是另一些分析学家宣称公平问题在分析中没有地位,他们说:(1)对不同技术分配的不公平性有互相平衡的趋势(在我的后院有一个垃圾堆,您的后院有一个发电车间)。(2)风险管理和平等问题应该分开解决（如，通过减免税或加重所得税）。（3）成本—效益分析不能胜任这项工作。一个折衷的解决办法是计算不同选择的分配效应，并在报告分析结果的同时一起报告。

公平问题在决策分析中很少受到关注。虽然看上去在价值模型中包含一个公平度是很简单的，但是 Keeney（1980a）提出了一个令人困惑的问题：对一个遵循决策理论公理的人来说（1）既倾向于在社会成员中公平的风险分配。（2）当考虑死亡数目时又试图躲避风险，是相互矛盾的。Tversky 和 Kahneman（1981）发现了人们的冒险倾向（包括失去生命），这意味着当被迫做一致性的选择时，人们首先会放弃对风险的逃避（如果他们不选择放弃公理的话）。

对风险的态度 决策分析学家通常会问决策者他们对于手头的问题是倾向于冒风险还是回避风险，但是对风险的态度在成本—效益分析的理论和实践中几乎没有位置。一个用于考虑人们在生命受到危险时，对风险的回避态度的特殊方法是，把一个事故中死亡的人数提高某个数量级（如，N^2）来反映突发事件的严重性（R. Wilson，1975）；另一个回答是不需要对风险态度做明确的考虑。因为它们已经自然而然地反映在成本—效益分析所用的市场数据中。如果人们回避风险，他们将花更多的钱来买更安全的事物从而使它们的价格升高。当然，这个观点的有效性取决于自由市场的存在和风险问题本身。

从两方面考虑，人们可能争辩那些代表别人做可接受风险决策的人在道义上有责任对风险保持中立态度，无论他们的决策所影响的人们是倾向风险或是回避风险：用倾向风险或回避风险的态度制定的风险决策所带来的生命损失都不应小于以中立态度所制定的决策所引起的生命损失。人们有权对自己的生命采取倾向风险或回避

113

风险的态度,但在决定他人命运时无权做这种价值判断。

处理人的因素

所有的正规分析都依赖于大量的行为假设,这些假设通常的元素是决策者是高度理智的,对于自己知识的有限性是非常敏感的,而且愿意在需要时寻求帮助。成本—效益分析家们在用市场数据来揭示人们的偏好时依靠的是推理;当决策分析家们相信决策者的判断时,依靠的也是推理。

就像在前面文章中提到的那样,当选择的自由受到限制(如,受贸易,规章制度的限制)和选择的智慧受限制时(如,过多感性认识,过于自信)对市场数据的解释就变得模糊了。数据解释方面的问题也出现于社会价值发生变化的时候。正如 Mishan 和 Page(1979)指出的那样:

> 当消费者的创新成果随着时间的推移缓慢顽强显示出来时,对他们在每一时间点上的评价……就像市场价格所反映的那样……可能与随时间累计的净效用无关。的确,按照现在的变化速度大众不再可能通过自己的经验来评价大部分上市的商品的价值。因此,社会就对这些商品的价值是否与人们主观期望相一致的问题就不再自信了。

> 在现在经济的发展过程中,有足够的证据说明"琼斯作用"正在增长,或者说个人欲望越来越强烈,道德标准正在下滑,即便不能说用于大量消费的经济成果令人后悔的话,至少也是越来越微不足道,经济学家的工作不再令人羡慕。在这种环境下,可以很合理的认为那些规矩的经济学家所遵循的公共伦理道德本身正在毁灭。无论是一些商品的消费,还是一些商业行为都

被一部分人认为是不值得的或是低级趣味的。与此同时,被另外一些人认为是自由开放的表现至少是无害的,在这种情况下福利经济学家们的工作就无法进行(pp.21—24)。

决策分析由于它固有的时代感至少避免了其中一些问题;它要求决策者回答在决策的时候相信什么想要什么。但是,不能保证回答者认识到,他们的价值观正在改变并且是如何受他人的操纵。这类问题在当社会的价值有冲突时,决策者很少会通过"道德上的共识"来做决定。没有人信任他们或授权他们这样做。观察者还担心一种可能,那就是人们表达出的观点与他们的行为不一致。研究(如,Fishbein & Ajzen,1975;Schuan & Johnson,1976)表明在下列条件下可以通过态度来成功预测行为:(1)所提的有关态度问题与行为有清晰的逻辑关系。(2)应答者在这个问题上立场明确。(3)应答者没有强烈的说谎动机。就算有时候决策分析家违背了这些条件,他们仍然可以清楚地记录所做的一切,从而允许审查者评估判断的可信度。

评估决策的质量

认识到他们所用输入的不可靠性,好的分析家们会把敏感性分析作为分析的必需的组成部分;使用不确定输入的不同水平来重复计算最终的结果,结论的可靠程度取决于在什么范围内重复分析能产生相似的结果。

第二章所讨论的敏感性分析潜力和局限性出自于分析家的实践。决定敏感性分析价值的因素包括:(1)在怎样的范围内人们需要用错误的判断来识别棘手的信息并选择可能的取值范围。(2)知识共模失败所带来的威胁将会导致一个分析程序反复产生相同的偏倚(如,一个提问方法反复引出一个观点,或者一项昂贵的技术一直引起在健康和生产方面的关注)。(3)在一个分析中综合所有不确定性的困难性。

一方面指导来源于对评价分析所需判断的经验性研究。例如,过高估计一个人的知识和忽视问题表达中的疏漏都表明了因过度信任正规分析所产生的偏倚。其他方面的指导来源于对成功的正式分析和一般错误理论的经验性研究(Fischhoff,1980a),这个理论讨论了什么样的误差会进入分析,它们会带来多大的错误,它们在分析中如何迭加,如何减轻这些误差的影响和这种误差对行为选择意味着什么。

分析技术是否满足解决可接受
风险问题的需要?

全面性

决策分析有这样的优点,它能够体现决策者所感兴趣的任何事实或价值。当需要考虑不确定性或没有直接、切实的经济结果时,成本—效益分析就会遇到麻烦。另一方面,成本—效益分析家在经济学中的背景可能为决策者对什么问题应该被包括到分析中提供了实际性的指导。这两种方法的接受者都希望它们所提供的概念性框架和词汇能帮助发现那些被忽略的问题并影响那些围绕涉及问题展开的争论。

逻辑合理性

成本—效益分析和决策分析的核心都存在着一个同样的理论,

那就是如何综合事实和价值观问题以便达成最符合决策者(或社会)利益的建议。这些描述性规则为决策者提供的优越性是有限的，部分原因在于它们所依赖的基本行为假设在描述上的有效性。如果市场数据不能揭示偏好或者人们拒绝了决策理论的公理，那么技术的可信度就降低了。用于处理某些难题(如,公平)的方法的合理性还有待研究。

实用性

虽然这些方法只在从细节上解决复杂的问题，但是它们并非都能做到这一点。成本—效益分析没有提供解决某些测量问题的程序(如,生命的价值)，这些问题或被忽略或其特殊的处理方法不能令有知识的消费者满意。虽然决策分析在发展这些技术的过程中较少碰到概念上的问题，但是可操作的、卓有成效的程序并不适用于所有的问题(如,估计将来的价值)。

成熟的方法是要耗资耗时的，哪怕快速、有限的分析也可能需要很多受过良好训练的专家。结果，这些方法的应用不总是那么全面和完善。一个方法不能按照原设计来实施可能给方法的评估者带来了一个棘手的问题。显然，我们不应该要求正规分析对那些缺少训练的人或人们在资源严重缺乏的条件下所做出的粗糙、低效的分析承担责任，或者，难道我们应该如此？如果只有少数几个人能精通某种技术，而大师们不监督那些假借技术名声的人，那么它的作用就受到了限制。因为一个彻底的、完善的分析所需要的资源不一定总是存在，所以方法的实用性可能就取决于分析降级时的表现。什么时候部分分析，甚至没有分析，要比成熟的分析更好，这还需要通过研究来决定。

公开评价

正规分析的一个强大的卖点不仅是它欢迎评价、而且还为评价提供了技术,如敏感性分析。原则上,分析学家在对批评家说,这是我的模型和输入,如果您不喜欢它们,让我们用您的方法试试。但是,只有当有足够的资金和专家帮助时,这种重新分析才能得以实现。如果没有它们,分析的规模、复杂性和技术性可能使观察者无法看到他们自己的观点是否被充分地体现于分析中。这里,就像其他技术一样,当附带的价值的假设被包含在问题定义里时,可监督性就特别的有限。对任何应用的主观判断可能促使不严谨的分析家微妙的改变许多输入,从而无需对任何单个输入做明显的遭人反对的改变就可以改变结果。对这种数字游戏的恐惧,可能会导致对可靠分析的无依据的怀疑。

一种帮助评价分析的总体贡献和在任何特殊应用中质量的有效的方法是详细记录假设和操作过程。那样当代和未来的批评家便可以公平的判断分析的充分性。

当然,保证可监督性并不仅仅是为了取悦批评家,它是保证高质量分析的基础。因为在很多复杂的问题中,人们往往不能第一次就得到正确的分析,分析必须是个循环渐进的过程。批评不仅仅应该成文、记录、附加到报告中,还应该被综合到下一个分析循环中去。很常见的是,分析家们和他们的顾主们产生了一个在心理上的防线以保护他们的形象受到攻击,而并不是认识到严厉的批评可能意味着分析成功的揭示了某些问题。

政治可接受性

一些对正规分析的批评出自于政治。一些批评家担心分析在很大程度上会把社会决策权转移到由执行分析和与分析家打交道的技术骨干的身上。一些技术骨干成员可能反击道:问题的技术性和外行判断的不可靠性导致了公众利益方面权利的转让——如果您让一些胜任的人做这份工作,我们最好让开。相反的意见则认为:

1. 在价值的问题上,专家们高超的技术知识并不意味着他们的价值观也是高超的。

2. 在事实方面,再现需要超出现有数据的范围而依赖于直觉,这就削弱了专家的优势。确实,外行人可能具有某些专家所没有的看问题的角度。

3. 即使分析使一个特定计划的效率达到了最优化,我们还是需要考虑更高的目标,包括市民知识化,维护民主,使公民感到他们是自己命运的主宰者。

其他批评家提出正规分析最合理的地方是反映了一个有争议的政治—意识形态方面的假设,也就是说社会有足够的凝聚力并且有足够相同的目标使它的问题得以合理解决而不需要斗争。虽然这种直入主题的定位使许多人高兴,但仍不能满足所有人。那些怀疑社会正处在调整期的人也会反对分析本身,而不考虑它的内容如何。甚至接受了分析的价值的人们也可能会认为它是政治斗争的另一个方面。这种斗争有自己的逻辑和与正规分析不同的解释。如果结果不能支持一个人的立场,非建设性的批评可能看起来非常公平和理智,因为它可能奚落那些忽略了重要问题(像收入分配)的分析家们。

与权威机构一致

正规分析不仅能而且已经被应用于许多现行的行政管理机构中。它未来的角色在一定程度上取决于这些机构能否满足对更昂贵的分析资源的需求。可能的策略是:(1)完全采用不完全的分析,不希望或不要求做出确定的和经得起辩驳的结论。(2)把所有资源都投入到详细的基本问题构造中,希望得到最大的教育价值。(3)推迟小的分析直到一些里程碑式的案例被完成,这些案例可以为实践树立标准,并用于发展可以全面应用的技术。

授权一个分析与使用它不同。官僚和政客也许都不情愿公开认同这些技术所采用的那种无奈的、无人情味的对风险和效益的权衡。最近,分析本身在一定程度上也在法庭上受到了抨击,在法庭上福特发动机公司被指控为不计后果的杀人犯,因为它宣布了一项有关Pintos汽油箱的设计,人们都知道这种设计会增加追尾事故的危险。令人们震惊的是,福特公司用分析在生命和成本之间做出了明确的取舍。

公开性在一些方面非常有利于正规分析,但它也能使正规分析在冗长的法律挑战面前显得十分脆弱。最近在法规管理方面的改革要求对所提议的所有规章制度都做成本—效益分析,把寻求证据的负担从风险项目的开发者转移到法规执行者身上。考虑到成本—效益分析的局限性,甚至分析的支持者在方法论问题上也存在分歧,所有的分析都可能受到挑战,这就遥遥无期推迟了新规章的颁布。

有益于学习

正规分析的长远影响很大程度上依赖于它是否成功满足了上述标准。如果人们发现了引导公众参与的有意义的方法,分析就能提高公民处理未来风险的能力。如果认真地进行评价,我们就会有一份能够促进决策稳定和知识积累公开的并便于参考的记录。如果分析被很好的管理、高质量的实施、可靠的解译,那么正规分析就可能 **118** 成为固定的工具而不会因为另外一个(智慧性的)技术的过多许诺或由不合适的人来进行分析而被拒绝。

总　　结

正规分析的优势在于它的公开性和合理性。成本—效益分析和决策分析都具备深思熟虑的逻辑基础,在原则上都有能力包容大范围的问题。但在一定程度上,全面也是它们的缺点,因为跟别的方法相比它们的失败更明显并有更详细的记录。优秀的分析家通过详述他们工作的每一步,从问题的定义到价值和事实的估计最后到底线的计算,最大化了受到同行争议和政治上抨击的可能性。

正规分析在一定程度上对法规执行者有吸引力,因为对他们来说正规分析是决策制定不需代价的指导。价值是可接受风险问题的固有成分。与其他方法比较,正规分析较明确地对待价值问题。但是,像其他方法一样,正规分析复杂并细微地混淆了事实和价值。例如,成本—效益分析通过把自己限制于经济学评估便确立了其政治立场。虽然决策分析能包容不同的价值,但是个人因素和制度上的限制会使分析家们满足于在狭小、有限概念范围内工作。正规分析的清晰度为搞清问题的定义是如何预先影响价值的判断提供了一个必要的条件。要搞清这个问题还需要大量额外的知识来鉴别选项、结果和被忽略的事件。

与其他技术一样,正规分析有关公开性的许诺在实践中未必可以实现。外部的评审不是一直都有的;如果有,评审者也可能并不具备深入研究所需要的经济和技术上的来源,或者即使做了深入的探讨,原分析家们(和他们的客户)可能并没有接受批评的准备。分析家们可能夸大分析的全面性和可靠性,但是批评者们可能会满足于找茬儿,而不理会这些挑出来的毛病是否真正严重地威胁到了分析的结论。

最后,尽管它们有逻辑上的合理性,但是正规分析并不是为了可接受风险问题而设计的,在具备反应性的市场、直接的后果以及有知识的消费者的条件下,成本—效益分析最适合于个人决策。决策分析假设了一个被授权代表社会说话的实体(一个或一组决策者)。哪怕是成功用来鉴别最能被接受的选择的最好的分析,其对现实的表现形式也可以是不完全、不准确的。但是,人们并不清楚谁有权来决定什么表现形式是必要的,尽管是不完全和不准确的。 **119**

第七章

方法的比较

这一报告的绝大部分内容着重于每种方法本身在怎样的程度上可以完整解决可接受风险问题。由于七项评价标准是如此之严格（有时也可能不相兼容），毫不奇怪我们尚未发现任何一种方法可以完全满足这七项标准。尽管如此，我们还是必须进行可接受风险的决策，因此决策者的任务就转化为选择最合适的方法（或某些方法的结合）。为了给综合性的有关如何决策的问题提供一种参考，本章对不同的可接受风险决策方法进行了比较。

在表 7.1 中，我们根据七项评价标准对每种方法进行了评分，评分值介于 0 与 10 之间，0 分表示"完全不满足"，10 分则表示"完全满足"。每种方法的分值与最大分值 10 相比较反映了该方法根据某一标准来衡量的绝对优势；而行内的比较反映了每种方法之间的相对优势。与第四章到第六章相对应，我们对所介绍的决策方法处理各种形式的社会隐患的能力做了个小结，表中的评分值反映了作者在这方面的最佳判断。这些数字只是一种近似值,它表示每种方法在最佳应用情况下的优势;然而,在现实中,蹩脚的分析总是存在的。表7.2—7.4对方法做了类似的评估,并通过特殊的决策问题来突出每种方法的优点和缺点。

在本章,我们用一个明确的评价尺度,来尽可能具体表达我们的观点,然而,对待这些具体的数字却不应该太认真。每个数字都包含有相当程度的不确定性;我们对方法有限的理解以及用单个数字来量化我们理解的困难性都是这种不确定性的根源,而缺少极端评分值就体现了这种不确定性。

综 合 评 价

从几个方面来说表7.1所列的数字是对决策方法的概括性评价。它集中了所有作者的观点,忽略了在每一分类中的不同方法之间的差异,并且不论及每种标准的不同方面。然而,即使是在这种水 **120**

表 7.1   处理各种社会风险的能力:按照七项标准的评分

标准	方法		
	专业判断	步步为营	正规分析
全面性	5	3	8
逻辑合理性	6	3	7
实用性	8	4	5
公开评价	4	6	8
政治可接受性	5	4	5
与权威机构一致	9	4	5
有益于学习	4	4	6

注:评分范围为0(完全不满足)到10(完全满足),前提是每种方法被尽可能完善的应用,以发挥其最大潜能。每个数字都被一个可能的区间围绕着,这是因为我们的理解能力有限以及每个数字概括了同一分类中的几种方法处理有广泛定义的隐患的能力。所需的解释性材料可以在下面的文字内容中找到。

平上的综合也一定程度显示了各种决策方法的设计用途以及它们实现这些目标的能力。

全面性

正规分析,特别是决策分析,是决策的非本质性理论。不需要对问题的定义进行假设,分析许诺包容委托顾客所提出的所有观念(可能的例外包括非经济性影响和成本—收益分析所涉及的公平性问题)。分析者视角的宽度与深度主要的受到顾客的敏锐性以及交流能力的影响。如果交流不成功,顾客的愿望以及专家的大量知识将不能在分析中得以充分体现。

专业判断将专家摆在决策的中心位置上,由此最大程度利用了专家的专业知识。那些雇佣专家的人,当然可以根据他们的观点对问题进行定义。在实践中,专业人员用他们习惯的方法来限定和解决问题,这有可能缩小问题的范围,并导致专业人员过分强调属于他们自己专业领域的因素的作用。比如,一个市政工程师可能会忽视这样一个事实即高速公路的安全措施会鼓励驾驶员提高他们的行车速度,从而忽视这些措施对安全的负影响,或忽视这样的可能性,如果使道路看上去较危险有可能会提高司机的警觉性。

步步为营的全面性受到更大的限制。每一种步步为营法都通过某一特殊系列的风险值(也可能是收益值)来刻画一项技术。每种方法从某一特定的过去来获得标准。众多的选择、后果及其他因素均影响着历史标准的演化,然而留下的只是我们所谓的最终平衡状态。我们只将过去状态下的少数统计指标与现存状态下相同的统计指标进行对比分析。

逻辑合理性

无论所处理的问题范围是宽还是窄，每种方法都应给出及时的而且站得住脚的建议。专业判断和正规分析都可以满足第一个条件，它们几乎总可以对应该做什么提供一些具体的建议。哪怕这些选择的区别是多么的小，总有一个是最优的。在这两种方法中，最优选择产生的过程稍有不同：专业判断倾向于对看似最优的选项进行调整直至完美，而正规分析则倾向于同时观察一系列供选项。步步为营在这方面是失败的，因为它只表明选择是否可接受，而不提供优先排序。如果不止一个选项超过了可接受的临界值，我们还需要用其他程序来筛选最好的一个；如果所有选项（甚至"什么都不做"）都不能被接受，同样的情况也会发生。从这个角度讲，与其说步步为营是一种决策工具，不如说是一种筛检程序。

每种方法都体现了某一特定的有关如何做理性决策的概念；每种方法用于证明其建议的合理性的论点都介于经验与理论之间。专业判断被称为经验性的极端，因为它在过去被证明是有效的，所谓有效是指下列几方面的综合：让人们高兴，证明是最优的解决方案，反映了社会价值以及拓展了科学知识。这种判断的有效性似乎依赖于具体情况和观察者。表7.1中的6分说明了专业人员在探索解决方案时可以很好平衡各方面的利益。

决策分析是理论性的极端，它用以公理为基础的决策理论的要素来确定决策问题的要素。然后根据正规的逻辑产生建议。因此，仅当某一建议（对应于抽象的问题）违背公理时它的合理性才会有缺陷。尽管公理本身是没有争议的（如，人们的偏好应该是可传递的），但是公理的一些未言明的前提假设可能容易受到公众的质疑。其中一个假设是可以找到一个愿意而且能够提供关于信念和价值信息的决策实体;第二个假设是强调信念和价值的内在本质都是主观的。

步步为营的基本原理反映了经验与理论的交融。从经验上讲,**122** 它们依赖于这样一种观点:世界的运行在某些方面是完美的,比如,达到了理想的风险收益平衡(外现偏好法)以及最适应物种(自然标准)。那些认为应该在将来保留这种历史性关系的主张,部分是经验性的(我们不可能做得更好;我们可以缩短这种历史过程,而直接得出最优的答案,无需反复试验),部分是政治性的(无论以前怎样,都是正确的;我们生活在一个平衡的世界里,而且我们应该维持这种平衡)。步步为营较低的得分(以及给予在正规分析中的成本—效益分析的更低的评分)反映了这些主张的有效性缺乏经验性支持和政治上的一致性。在各种步步为营的策略中,风险目录法获得最低的评分,这是因为总的说来它没有一个清晰的解释。它明显代表了外在显现分析法的一种形式,但是仍需要额外的特殊前提。

实用性

获得实用性的一种方法就是缩小要解决问题的范围。专业判断总是试图将其焦点集中于专业人员最熟知的技术问题上。决策过程的中心问题是选择并改进具体的供选项。因为这些供选项首先经过了可行性筛选,所以成文的选项多半在现实中都是可行的。专业判断的实用性的另一个方面表现为用于决策过程的人员数量与问题的大小大致相称;因为专业人员通常在隐患的产生中起一定的作用,因此他们往往处于隐患管理的现场。这种潜在的实用性被滥用到了这样一个程度,专业人员承诺他们可以综合社会的价值观,而无需详细说明他们是如何完成这种综合的。即使专业人员有办法找到社会的价值取向,某些因素也可能使他们无法去这样做,如顾客仅仅希望他们将精力放在设计问题上,或者批评家觉得价值问题与专业人员无关。

缩小问题的范畴可以增强步步为营的实用性。已经测量了历史风险收益平衡的外现偏好法分析者仅需要两个概括性的统计量,即风险和收益,就可以决定一项技术的命运。而风险目录法仅用一个风险统计量来刻画一项技术。如果我们能够找到一种便利的方法量化风险(如,每年、每小时的暴露量)以及一系列便利的统计指标体系来比较每种技术的优劣,那么步步为营法的应用将会变得更加容易。在某些领域内,步步为营法的广泛应用,也反映了人们愿意牺牲其他的目标以实现其主要目标。然而,由于不能够提供所需要的精确数字,在出现关于如何定义诸如风险、收益、相关的过去以及技术比较等方面争论时,步步为营法的应用将会受到困阻。一旦在这些问题上达成一致,我们需要相当大的灵活性以及信心,从并非为我们今天的文档而准备的过去中去寻找我们所需要的数据。 **123**

成本—效益分析家在寻求价值的市场指标时也面临同样的问题。他们试图使用一些特殊的数字,然而,往往遭到众多经济学家以经济理论为依据的批评和阻挠。测量那些数量的多种分析方法的存在,使得成本—效益分析者很难给批评者一个明确的答案,并付诸实施。一旦经济学家们赞同所用的测量数据,他们便有能力从现有的数据中充分发掘有用的信息,他们所创造的新技术将大大加强未来分析的实用性。

通过主观判断,决策分析可以将任何问题限定中的概念转变成可操作的术语。如果存在(并且合适)的话,我们可以使用经济学和统计学估计值,否则将返回到主观判断上去。如果回答者不能够提供所需的评价,或者他们对某一话题没有明确的、一致的观点,这种判断策略就不适宜了。我们可以通过对决策分析的一致性检验来发

现这种失败;也可以从外部通过一些行为研究来发现这种失败,这些
研究可以鉴别不值得信任的判断(如,关于为什么做出某一特殊决策
的反省;见 Ericsson & Simon,1980;Nisbett & Ross,1980)。持续的有
关如何模拟特殊问题的研究,表明了决策分析还不能解决所有问题,
同时也表明了它的使用者对这种不足的关注。

公开评价

专业人员在公众的视野之外,在办公室、实验室以及建筑工地中
进行专业判断。对于某些直观性决策来说,决策的某些部分甚至超
越专业人员自身的视野。然而,有些人还煞有介事地争辩专业人员
的不自省恰恰说明了他们的威信,因为他们掌握了无法用言语表达
的智力习惯,这种智力习惯只能通过实践来获得,而这种实践是从人
们学习书本知识开始的。

文字标准是专业人员用于应对责任压力的一种方法。然而,这
些标准本身是依靠无法进行分析的判断提出的,我们无法了解在这
种标准中成本—效益是如何平衡的,甚至不清楚它们考虑了哪些供
选项和可能的后果。然而,标准体系,特别是正式成文之后,确实使
得我们对应用过程的监控变得较为容易。但是批评者很快就发现成
文的标准并不是公平评估的同义词。和其他行业协会一样,专业人
员也面临着一个传统的冲突,他们需要维持足够的质量以保持公众
的信任,但又不能过度到使得自己步履艰难,也使得公众对专业人员
所声称的效率产生疑虑。

比较起来,正规分析和步步为营分析较易于评价。它们的数字
和计算过程明摆在桌上,人们可以公开进行评估和审查。足够清晰
的分析便于局外人了解具体细节。当然,局外人必须拥有足够的经
济和技术实力才能维持其独立的立场。决策理论的原则隐藏在计算

机以及专业人员的大脑中。从这个角度来讲,决策分析的判断部分是一种义务。观察者需要专业人员的帮助,尤其是在鉴别有关问题的定义、事实、价值、人们的行为以及决策质量等方面的基本假设的时候。尽管在分析中包含技术不确定性的讨论并非少见,但是通常我们很少看到关于理论不确定性的讨论,而这种不确定性可能引起对方法本身的质疑。

因此,公开性只有通过如下途径才能够得以实现,在每次应用的一开始都要公布关于社会贴现率争论的有关内容;每个个体的决策分析过程的汇总;经济学家头脑中的外在显现的概念与它在可接受风险分析程序中的实际体现之间的不明确的联系;一些操作性概念,比如风险和暴露的不明确性。

政治可接受性

即使是最开放的方法也不一定会自动引来批评。哪怕是不招惹任何麻烦,实施每种方法的专家的工作就已经很艰巨了。局外人往往不会自愿的做批评者,除非值得这么做,也就是说,除非这种方案已经产生了一个令人不愉快的结论使得他们不得不这么做。因此,这些方法在政治议程中,通常都深陷于一种不信任的氛围中。在被"逮到"之前,也许无人骚扰专家;现在,阴影笼罩着方法自身及它所产生的令人不愉快的决策。

避免这种问题的一种方法就是让决策令所有人都相对满意。专业判断似乎可在许多日常决策中做到这一点(如,开处方,确定某一根梁柱是否足够坚固)。通过反复的试验,他们发现了哪些决策是令人满意的以及哪些决策是有效的。专业的威望以及缺少有组织、有能力质疑技术决策的团体都有助于专业判断。最近对于医学专家的攻击(如,他们关于 DES、乳腺癌、苦杏仁苷以及氟化反应的实践)证明了一旦专业人员失去了人们的信任,政治上的对立面就会迅速形成。

125   当我们不能使所有的人都满意时,一种低调的处理方法是避免做出持续激怒某一群体的建议。成本—效益分析很难做到这一点,因为它不注重那些不易计算经济价值的后果;比如,当工人们感觉到他们的健康在持续的分析中价值越来越低的时候,他们的不信任便与日俱增,在他们看来,不是分析者不关注他们的健康,而是因为健康很难用美元来衡量。

一个争得政治上广泛接受的更为可行的策略是,将潜在的批评者吸收到决策过程中来,在接纳他们关注的同时征求反对意见。决策分析有特别的义务吸纳公众的参与;每个人的观点都可以被体现于分析中。决策分析(和其他新技术一样)在这方面存在缺陷,因为它需要说服参与者没有在复杂的数字游戏中受骗。排除这些疑虑需要更多的报告、敏感性分析,有时甚至需要进行平行分析。

专业人员在决策之前可以广泛地听取意见,但是却很难向人表明这些决策综合考虑了某些特殊的观点。成本—效益分析以及步步为营分析与其说是一种特殊的工具,不如说更像专家,除允许不同的群体参与问题的限定(如,选择可能的供选项)以外,它们很难接纳局外人的观点。

然而,再多的公众参与和公众关系也不能消除由不同方法内在的政治偏见所产生的对立。由于每种方法都赋予专家一个如此中心的角色,越来越多的人害怕会出现一群专家政治精英。只有设计出一种方法,使得普通人和专家在它的应用过程中都有同样的重要地位,这种恐惧才能被缓解。除了限定待评价的供选项外,步步为营将现在的状态及其行为者排除于过程之外,因此,不可能产生一个令人满意的政治决策程序。成本—效益分析以及步步为营假设现在的经济和社会关系应在将来继续维持下去,没有任何程序能使对这一假设持怀疑态度的人感到满意。

与权威机构一致

专业人员及其顾客决定了他们所发明技术的初始安全水平。除非有问题发生,决策往往只局限于原创机构并依赖于专业判断。即使当一项技术必需遵循统一标准时,专业人员仍然是决策的主体。当决策的权利被赋予政府机构时,专业人员的知识以及他们乐于提供总结性判断的愿望,使得他们成为活跃的角色。只有当法庭及其对抗性的体系成为决策的主体时,专家的影响才会受到限制。确实,人们可能会指责专业人员过分尊重机构上的限制。然而,作为雇员、决策功能权限的不明确以及对偏离传统实践的惩罚,各方面的综合作用,严重打击了专业人员的自信。

126

尽管是新近产生的一种方法,正规分析在很多机构都赢得了一席之地。管理机构、企业、专业组织、工会以及消费者群体都学会了至少偶尔用这种分析来指导自己的思想或者验证自己的推论。然而,没有一个群体会将自己局限于这些分析的结论之中,因为他们知道不明确性以及某些方面的省略使得即使最完善的分析也具有一定的不确定性。在这方面,对成本—效益分析的广泛接受反映了它在决策分析中的优越性,以及它对价值测量的客观性。官员们出于逃避诉讼和责任的目的,不会随意地承认决策分析的主观性是所有决策所固有的。

步步为营的优点在于它比较容易应用并提供了一些决策者容易掌握的数字;它的回顾性视角也使得应用者可以用历史或法律作为决策的支持论证。它的缺点在于它是新生的,未经考验的,而且未被列入生效的法律之中。现在,待决法律呼吁使用"比较分析",它似乎是步步为营与正规分析的结合。然而,我们并不清楚实施这种分析的机构会如何接受这种建议。如何证明其合理性、如何对其应用过程进行监控,以及如何避免其不良的副作用。这些方面的不确定性都可能使得官员们不愿尝试这种分析方法。

有益于学习

一种好的方法不仅从长远来看可以使我们变得更聪明,并可以帮助我们在短期内获得一个较为合理的决策。促进社会成熟的一个关键就是针对有争议的问题及总体决策而对其参与者进行教育。另外一个关键就是建立一个清楚的、累积的记录以便作为未来决策的参考。如果我们的决策变得越来越一致并可以预测,那么这就是智慧的标志。

不同的方法反映了不同的时间跨度。步步为营承诺略过烦琐的历史过程,立即提供一套安全标准来代表过去完美的经验。任何社会标准的变化都反映为历史关系的渐变,并假设它们存在周期性的更新。对不赞成社会无需更多关于可接受风险决策知识的观点的人们来说,对于一致性的要求意味着追求更多不好的事情。通过追求与现行局部市场决策价值取向的一致性,成本—效益分析对于价值变化的反应较步步为营更为灵敏。但是一般来说,高度一致的、以历史为导向的方法有利于产生可预测的决策,但其代价通常是丧失了教育的功能。而对于过去智慧的自信将会削弱努力创建更为文明的现代社会的重要性。

H. G. Well 曾经预言,终有一天,统计学思维会变得与读写能力一样重要。而要想获得这种能力,除了其他条件以外,人们还必须承认可接受风险决策的微妙之处,并且放弃那种希望用简单化的方案来解决问题的想法。步步为营为人们获得简单的答案提供了希望,因而实际上阻碍了人们的学习。相比而言,一个具有理论基础的方法,比如,成本—效益分析,其基本原理在居民、科学家以及管理者中广泛推广会大大加强社会的理解能力。然而,由于参与性分析以及教育计划是一个相当新的发展趋势,用经济学家的语言来说人们只能推测它们是否真正能够引导人们行为的理性化。

决策分析的大部分教育潜能依赖于分析者与顾客之间长期的相互作用,这种相互作用帮助顾客们在考虑特殊决策时能够清楚构思并表达自己内在的设想。另一方面,由于不受时间的影响,决策分析并不将一致性强加于不同的决策。原则上讲,分析的结果可以是杂乱无章的,结论与价值取向在不同分析之间各不相同,甚至在不同的时间或由不同的人来重复同一分析方法时,结论与价值取向也可以各不相同。如果社会价值比较稳定而且有较好的认同性,或者分析者使用相同来源的数据来分析这些价值,那么这种威胁就会减少。

专业判断导致了过去的决策与现存的价值取向之间的持续的妥协,并通过逐渐调整传统的标准和解决方案,使它们达到一种相对和谐的状态。然而,专业判断的封闭性减少了教育非专业人员的机会。它阻碍了有用的信息记录的积累,哪怕专家的结论是明确的,对专业判断的逻辑基础的描述除了诸如"按照操作程序"之类的句子外也往往没有更为详细的描述。而步步为营法和正规分析可以有很好的记录,只要可以把它们的思路、假设、数据库等公之于众。确实,只要步步为营的操作者对过去有了清楚的界定和描述,那么这种历史性权衡将会被不停使用。正规分析的目标并不是建立永恒的标准。然而,只要进行合理地构思和处理,我们可以将正规分析单元化,从而各单元可以在后续的分析中被重复利用。关于生命的价值,分析中常见误差的迭加,世代之间的公平性等方面的研究都可以被许多后续分析所借鉴。

128　和其他领域一样,在隐患管理中,短期的压力通常是长期计划的敌人。迫于短期的压力,决策者暂时征用一些仍需理论和实践检验的服务技术。承诺在短期内给出确定的答案可能减弱这种技术的长期贡献,也因此影响了它自身的发展。

选择一种方法

如果您仅仅从表 7.1 中的数字进行判断,那么步步为营与正规分析之间就不会再有任何争议:正规分析在各个标准上均优于步步为营。而另一方面,选择专业判断还是正规分析需要决定各标准的主次先后。如果实用性和与机构的相容性是主要的决定因素,那么我们倾向于选择专业判断。如果强调逻辑上的合理性以及全面性,那么我们倾向于选择正规分析。当评价的公开性是最重要的决定因素时,与专业判断相比我们将选择步步为营。

无论这些估计值有多么精确,它们却在难以定义的使用范围中迭加。表 7.2—7.4 对各方法在三种特殊情况下的处理可接受风险问题能力进行了描述。这三种情况分别是:(1)单个决策者的日常决策(如,一位是否使用子宫内避孕器的妇女)。(2)复杂技术体系中单个组成成分可靠性标准的设定(如,一个用于液化气设施的阀门)。(3)是否以及如何使用某一新技术的决策(如,遗传工程)。

表 7.2　个体日常决策的能力：每种方法按照七项标准评分

标准	方法		
	专业判断	步步为营	正规分析
全面性	8	2	8
逻辑合理性	8	2	8
实用性	9	3	3
公开评价	6	5	7
政治可接受性	7	3	5
与权威机构一致	9	4	2
有益于学习	3	4	8

**表 7.3　复杂的技术体系内部的单个组成成分标准的设定：
每种方法按照七项标准评分**

标准	方法		
	专业判断	步步为营	正规分析
全面性	5	3	5
逻辑合理性	7	2	7
实用性	9	4	6
公开评价	4	6	7
政治可接受性	5	4	6
与权威机构一致	9	2	6
有益于学习	4	3	6

表 7.4　决定一种新技术的命运：每种方法按照七项标准的评分

标准	方法		
	专业判断	步步为营	正规分析
全面性	4	6	8
逻辑合理性	4	5	7
实用性	3	5	5
公开评价	3	7	8
政治可接受性	4	5	5
与权威机构一致	6	5	6
有益于学习	5	5	6

与表7.1一样,这些数字只是一个粗糙的评价,它概括了每种方法处理假设的各类型问题的能力。与表7.1不同的是,这些数字所评估的不是方法的潜能,而是在实际问题的压力和限制条件下每种方法处理问题的优劣程度。除非与其他方法相比,一种方法表现出明显的优势,否则我们就还不能根据这种评估的结果来选择某一方法。我们还需要确定每个标准的相对的重要性。

个体日常决策

这种决策通常由专业人员与其客户磋商后做出,决策的合理性按标准和方法列于表7.2。专业判断与其他方法相比,在总体上(表7.1)显示较大的优越性。专业人员是决策的主体,他们有反复试验的经验,因而知道如何提供问题的答案。这也给外部评价提供了一些机会,尽管这些机会不是常常被利用(Bunker et al.,1977)。

129 在这里,对专业判断没有得到满分的原因做一下解释也许会更有意义。专业判断最注目的缺点就是它不利于长期管理。即使顾客们对专业判断为眼前的问题所提供的解决方案感到满意,但是他们从中学到的东西很少,这对顾客们今后更为独立地决策或者更好地利用专家并无大的帮助。专业人员自身的发展也可能由于各种因素受到限制,例如思维定势、不变的标准、封闭以及因为害怕承担责任而越来越多使用在学校掌握的过时的操作方式。尽管专业判断在日常决策中的应用很少涉及政治问题,但是一旦批评家发现了某些有问题的倾向,就会出现很大的争议。最近专业判断受到了这样的一些批评:没有看到顾客的整体;治标不治本;过度保守的操作方法保护了专业人员的利益却损害了顾客的利益;采用专业人员自己的价值取向哪怕它与顾客的价值取向相冲突;过分提倡他们专业领域内的解决方案。

　　与步步为营相比,这些问题只不过是小巫见大巫。用步步为营人们不仅需要找到在过去相类似的问题,而且还必须相信这些过去的问题对他们个人有参考价值。然而,人们不需要追随别人的行为,谁知道别人的智商怎么样,以及他们有怎样的价值观。人们甚至没有必要重复自己以前的决策或对所处理的风险持同样的态度。很容易想象这样的一些反应,例如,精力旺盛是一回事,健康是另一回事,或者,如果有机会,我们一定会选择更为安全的选项。

　　正规分析也许最终会成为此类决策的有效工具(Jungermann,1980;Wheeler & Janis,1980)。决策分析是为有确定的决策实体的情况而设计的,它已经被建议应用于某些遗传性的咨询服务以及冠状搭桥手术的决策(Pauker,1976)。在处理眼前问题的过程中,人们可以学到许多关于决策的知识。不幸的是,人们并不能很快地就接受这些观点。如此摆在桌面上的方法会威胁到许多专业人员,动摇他们的地位,强迫他们承认不确定性以及揭开专业判断的神秘的面纱。要使人们相信并理解正规分析除了一些咨询服务以外,我们还需要加强系统教育的力度。没有这些努力,一些人会被技术的难度所吓倒,而不得不让他人为其决策。

复杂的技术体系内部单个组成成分标准的设定

　　大多标准(表7.3)是由专家或者以专家占主导地位的机构来设定的。因此,专业判断成为了我们的议事日程,通过保持与过去的一致性,专业判断显示了对历史极大的尊重。着眼于技术问题加上缺乏处理较大范围问题的权限,使得专业人员较少强调长期管理中的其他方面的问题(如,公众教育),同时也相当程度地限制了对问题的定义。与其他处在公众视野之外的活动一样,这些决策通常是没有争议性的。即使在对某一技术的呼声很高的时候,人们的注意力通常集中于它总体的安全水平,而很少关注某一特殊组成部分的可靠性。因此,当专业人员成为决策者时,人们的批评通常集中于他们决策的总体特性和质量,而很少关注某一特殊决定。组成成分的可靠性与总体安全性之间不明确的关系给人们带来交流的障碍,也使得专业人员无法表证他们是如何处理公众所关心的话题的,而公众也无法用专业人员的术语来表达自己的需求。

正规分析对于这类决策及其决策机构具有较强的适应性。评价的公开性使正规分析比起较为封闭的专业判断更具吸引力,尽管有时这些分析结果只是被用来证实一些直觉性的决策。在这种相互作用的过程中,正规分析者对于许多决策问题的熟悉将会弥补他们在实际知识上的不足,也可以帮助专业人员弥补问题限定过窄的缺陷。然而,正规分析的一个可能的不足之处在于直接面对风险和效益量化的困难。比如,将一个阀门的失败率由降低到所节约的成本是多少? 而从另一个方面来说,这也是所有方法都面对的问题。

我们很难想象步步为营将如何被应用于成分决策中。它需要对所考虑的成分之间的关系以及社会过去所处理的技术进行详细的分析。

决定一种新技术的命运

如果说步步为营可以应用在哪里的话,那么就是这里(表 7.4)。人们也许可以找到可进行比较的技术并且合理指出社会在管理成本—效益平衡时应该有持续性。在这里,人们很可能得到用于评价整体技术的统计数据。由于步步为营侧重于评价总体的可接受性并提供一套明确的决策准则,这对于一个不想被繁杂的技术细节所困扰的决策者来说,是很有吸引力的。在另一方面,重大的决策往往引起对决策制定程序和方法的高度关注,这很可能会暴露步步为营逻辑上的缺点(如,没有考虑有效的选择项)。

正规分析者比步步为营者聪明的地方在于,他们运用步步为营所描述的社会的历史价值作为他们的分析的输入变量。如果批评者接受了步步为营的推理,那么通过建立一个包含可选项、事件、后果的更为全面的模型,正规分析者就可以逃避这样的责难,诸如它究竟代表了谁的价值?当然,无法避免的简化、模型的复杂性以及组成部分的不确定性,仍然使正规分析很容易成为那些不满意其结论或怀疑其机制的批评者攻击的目标。从某种程度上来讲,这些批评的压力恰恰反映了分析对关键性问题的揭示程度。找出不确定性的所在恰恰引导科学家们将话题集中于与政策最为相关的话题上。

专业判断最大的局限性在于个体没有足够的能力来裁定复杂的技术或者新技术的命运。许多与技术的命运相关的决策问题的广度使得任何一个学科都不能独立处理这些问题。对于新技术,也许没有人会有现成的经验以及对实际问题的了解。即使某些自称对问题有所了解的专业人员还可能在政治上受到一些人的约束。这些人可能会认为问题是如此的重要而不应留给最熟悉的人去处理,或者认为专业人员出于自身的经济利益要提倡或者取消某一特殊技术。

132

总　　结

当我们比较三种一般的分析方法时,会出现几种情况。相对于步步为营来说,专业判断以及正规分析似乎更适合于处理较大范围的可接受风险问题。这两种方法之间的选择取决于各种评价标准的相对重要性,是专业判断得分较高的标准(如,实用性)更重要,还是正规分析得分较高的标准(如,公开评价)更重要。方法本身的能力,以及处理特定问题时各评价标准的相对重要性都决定了我们对于最优方法的选择。比如,专业判断在处理某些常规的、分散性的决策时具有一定的优势,而正规分析(有时,甚至步步为营)在决定新技术的命运时更具优势。

133

第八章

我们学到了什么?

我们从一个看似直截了当的问题开始,那就是,多安全可谓足够安全?和摆在我们面前的其他问题一样,它没有简单的答案。为了理解这个问题所带出的一些可能的答案,我们必须退一步,首先搞清楚:(1)可接受风险问题。(2)现有解决这些问题的一般方法。(3)选择方法所需考虑的问题。随后的评价用这个概念框架阐明了不同方法的优点和缺点。除了对现有方法的选择提供指南外,我们现在再讨论一些关于可接受风险问题及其管理的一般建议。

有关可接受风险问题的一般结论

可接受风险决策要考虑人们对于不同供选项的相对喜好

所有的决策都包含了对于不同行为过程的选择,甚至,还可能包括选择不采取任何行动。一个敏感的决策程序使人们能够识别一个最有吸引力的（或者最可接受的）选项。无论我们是否采纳决策程序的建议，我们接纳的仅仅是一个选项，而不是风险本身。选择取决于所考虑的供选项、证据以及经过权重后的后果。因此，当有新的证据出现、发现新的选项、引入新的价值或使用不同的程序时，最可接受的选项可能也会改变。

人们可以将与最可接受的选项相关的风险称为可接受风险。然而，这种定义，混淆了这样一个事实，即对于某一选项的选择取决于该选项的所有属性，而不只是其风险。如果决策者想同时考虑风险与效益，最可接受的选项未必是风险最低的选项。而其风险也并非绝对意义上的可接受。由于对于选项的选择与具体条件有关，因此可接受风险就不是一成不变的。

没有选择最优选项的固定方法

由于很难同时满足评价的七项标准，对可接受风险决策的方法的选择变得极为复杂。全面性和逻辑合理性之间的矛盾是常见的标准之间的冲突；如果缩小问题的研究范围，我们通常可以得到一个站得住脚的，至少是较为合理的答案。在公开评价及与权威机构一致之间也会有冲突：公开性所强调的外部参与可能会干涉机构的正常工作。

为了得出明确的建议，每种方法都只能将自己限制于一个复杂问题的一部分。为了做到这点，人们必须对现实世界的属性做一些简单化的假设（知识完善的消费者、稳定并且明确的价值观、可识别的社会平衡状态等）。如果不认识到这些局限性，我们就会夸大一个方法所提出的建议的理解能力、分析能力以及最终的作用；另一方面，如果我们把这些前提假设看得太重，那么这些方法的作用将被削弱。拒绝所有的方法就意味着接受市场或者不成熟的政治,及在决策制定的过程中它们所带来的所有危险。

从一个更加平衡的角度来看,这些方法可以作为决策的辅助——加强理解却又不决定选择。它们的主要作用在于构造和组织每种方法所针对的决策问题的部分以及数据的类型。进一步估算底线可以为敏感性分析提供一个有用的参考值,并避免人们在自己的头脑中进行计算时出现错误。按照这种观点,建议者的价值不在于作为微积分知识的传播者,而是作为一个重要的局外人来指导并且创新性地开发表示复杂问题的不同方法。他们的价值取决于他们对问题的理解和直觉,而不是他们所提供的数字。人们通常都很想知道成本—效益分析者、步步为营者以及专业人员对某一特殊问题的看法。人们应该牢记他们观点的局限性,因而绝不单一听取他们中的任何一个人的意见。这些方法如果应用得当可以加深我们的理解,但是没有任何一个方法是足够的合理,以至于可以作为政策制定的唯一指导。

不存在不涉及价值观的选优方法

人们不断期望可以发现一种科学的方法用于客观地解决可接受风险问题,一个可以使决策者逃避被指责为把自己的信念和价值强加于社会的方法。不幸的是,每种方法的显著优点与缺点意味着选择一种方法就必然决定了会在某一方面引起特别的关注。

除此之外,每种方法都包含一种关于社会以及社会应该如何运作的特殊观点。每种方法在应该由谁做决策的问题上都代表了某种不同的观点,因而将信任赋予了某些实体诸如市场、管理系统、法庭以及各种技术精英等。比如,一般公众在专业性决策中的有限作用,使得他们不能学到太多关于风险管理的知识,因而既影响了现在,也

135

影响了将来的决策。各种方法对需要公众讨论的一些价值问题也存有偏见。比如,步步为营倾向于维持社会政治现状,而正规分析则很少顾及到公平性问题。选择方法的问题也是个定位的问题。当前分析的一个目的就是要帮助所有的团体去发现现存所有方法中所隐含的价值假设。

无论采用什么方法,诚实都要求人们努力去区分价值与事实。它同样也要求人们认识到事实和价值是可接受风险问题的两个不可分割的组成部分。事实和价值同时存在于对问题的定义、用于测量关键变量的单位、被考虑的供选项和后果、所资助的研究、用于解释证据的标准、处理分歧的方式、对公众风险态度的尊重以及对结果的解译等等方面。如果不认真考虑这些问题,决策就无法继续;为了做到这一点,不同群体的需求将不可避免受到影响。一种方法无法超越问题限定过程中所引入的约束着决策行为的价值,然而,它应该可以帮助使用者去认识这些价值。

可接受风险决策存在于社会的每个角落

我们这里所讨论的方法都把决策看作在时间和地点上是相互独立的。然而,对许多隐患来说,对决策的确认在很大程度上只是一种理想状态。决策的后果如此之大,以至于卖力游说以及肮脏的诡计通常成为促使某些事实、价值、选项以及对问题的限定被采纳的工具。许多决定在达成之时只具有象征性的价值,这种决定的作用只不过是使早已产生的结果合法化。随后,在执行、监督以及修改过程中争论接踵而来,所有的方法都成为这场游戏的筹码,它们被人为操纵着用来支持由其他原因导致的选择。

在某一特定时间所做的小的决策对于社会的可接受风险决策来说具有累积效应。每一个小的事件,例如一个消费者退还一个有风险的产品,一个工人找了一份有风险的工作,一家法庭赔付了损失,一个专业责罚其成员等都在逐渐影响着大的决策形成。每种方法都以不同的形式通过这种小决策中的智慧来决定社会的价值。任何可以改进这些小决策的行为也可以强化大的决策,比如,给予工人更多关于职业性危害的知识,给法庭提供更好的关于预测产品缺陷的指南,或者减少市场中阻碍安全有效率定价的因素。

可接受风险决策所需的专业知识分布于社会中

"专家"这个术语在隐患管理中的含义在很大程度上不同于其他领域。也许有些人会掌握有关语法和汽车结构方面的全部知识,然而对许多隐患来说却没有人能够了解其对现在和将来社会和自然的全部影响。那些掌握系统运作理论知识的人,可能并不了解系统的实际运作。即使有人既掌握理论知识又掌握实践知识,他们却可能并不了解系统运作与相关的社会和环境系统之间的相互作用。当专家们必须超出有限的数据而凭借直觉进行决策时,对待他们的观点应该像对待外行人的推测一样谨慎。

夸大个人专业知识的广度就像夸大其深度一样危险。一个人可能熟悉某一隐患,但却不能很好应对另一隐患。量化风险的专家不需要知道风险的可接受性,也不需要知道他们所测量的风险的后果是什么。

如果社会想要有效利用它的综合智慧,那么它就应该"调整"可接受风险问题使它们容易被处理类似复杂问题的专家所理解。任何一个能够对法庭强制性搬迁做出一定解释的人都有可能对核能问题的理解贡献一份力量。然而,由于复杂的雇主、不明确的问题限定、难以分辨的效应,熟悉其他领域的人也许并不能很快掌握所面对的风险问题的微妙之处。

专业培训以及个人经验教会人们如何为一小类限定狭隘的问题寻找合理的解决方案。隐患管理是如此之复杂,以至于没有任何个体、群体、机构、学科或者研究方法总能提供需要的所有答案或者最好的答案。在隐患管理中最糟的情况是一些事件的发生出乎专家的意料,但至少曾经被其他学科的人员、操作者或当地居民等等所预见。与其去寻找可以提供正确答案的技术,我们不如将精力集中于避免可能由各种观点带来的错误。如果每一种新观点都能有所贡献,那么我们就应该洗耳恭听那些在政策决策过程中通常被忽略的团体——穷人、哲学家、艺术家等等——期望他们生活的经历能够提供一些具有启发性的东西。即使专家在技术上具有垄断性,但是他们并不需要垄断所有的观点,他们自己也许也受到了根深蒂固的学科局限性之危害。

137

可接受风险决策既影响又反映了社会的属性

在所有的社会中,技术专家、政治领导以及外行人之间的权力划分始终是冲突的来源。某种程度上平衡取决于各群体对问题的了解。人们通常倾向于将权力交给知识较多的群体。如果专家的知识有限,人们一定会担心政治过程需要很大的扭曲才能取得专家对问题的认识(很可能是有限的)。比如,如果一个最佳的正规分析是非常之复杂以至于只有少数的几个人能够监督它,人们也许宁可使用一个中等优秀的方法,以避免赋予专家及其聘用者过大的权力。

有些人可能会认为积极的公民参与是民主社会的最大财富。然而,除非他们有足够的知识,否则即使是最投入的公众也不一定能做出对自己最为有利的决策。证据显示,总的来说,普通人可以很好理解和使用提供给他们的风险信息。然而,提供给他们的信息常常是令人困惑的、不完全的、有偏见的或者相互矛盾的。结果,似乎有很好的教化潜力的公众,事实上只得到了中等水平的教育。一个可接受风险分析的方法不能在短期内教化公众,那么从长远的角度来看,它就将剥夺公众参与决策的权力。

一旦在政治上决定了要采用某一种方法来为"公众"提供原则,那么就需要另外一项政治决定来定义"公众"这个术语。其实不存在适合于任何情况的公众。在风险决策过程中,公众的代表往往并非通过一个严谨的过程来产生。通常受影响最大的个体却没有被代表,可能是因为他们没有文化,缺少获取信息的途径,或者是因为做决策时他们还没有出生。然而,更多的情况是,当征求公众的意见时,技术开发者以及管理者通常采用各种方法来影响政治议程。就像"公众"一样,技术开发者与管理者也有不同类的群体。正如有人质疑的那样,是谁赋予 Ralph Nader 代表公众说话的权力(而不仅仅是作为反财团的游说者)? 也有人问,是谁赋予 Bussiness Roundtable 代表商界说话的权力(而不仅仅是代表大的财团)? 是谁赋予 AFL-CIO 代表工人说话的权力(而不仅仅是代表蓝领中较有权力和政治意识的一群)?

可接受风险决策必然(而且也应该)与时俱进

可接受风险决策是一个凌乱的、分散的和动态的过程,这种特性可能会阻碍其一致性和便易性。然而,其笨拙既是一种必要也是一种优点。只有经过时间的洗礼,我们才能够了解一种隐患是如何作用的,以及我们对其后果的喜恶程度。 **138**

一项好的决策过程应该对学习有所贡献。因此,我们应该准备重复这样的过程,每一次重复都反馈了前辈们提出的意见和批评。事实上,一项好的分析标志可能是它大大加深了人们对问题的认识从而产生了重新分析的需要,甚至包括对研究问题彻底的重新限定。

这可能是一种资源的不合理分配,我们可能在深奥的分析上花费了95%的预算,而只有用5%的花费在外部评价上,从而只能做一些肤浅的修改。一种合理的分配应该是40—40—20(分别对应于第一、二、三轮分析)。分析的一种结果是获得一个比较完善的决策;而另一种结果是获得一些不同的决策。承认我们相对的无知可能导致:等待更好信息的出现;避免会导致不可逆后果的行为;避免将赌注押在不确定以及多变的决策上。

当难以从经历中学到知识时,一种方法的教育功能尤为重要。然而,更多的情况是,生活中的信息被问题的复杂性、后见之明、期望中的想象、过分的自信所扭曲,所有的这些都会使我们低估了学习的需要。严格的同行评审将加速对专家的教育;设计更完善的决策方法将促进对风险管理者的教育;而将公民作为决策过程的整体将加强对社会的教育。按照这种观点,公众参与并不一定是决策过程的累赘,而是保证其有效性的重要因素。

总　　结

本书通过对决策方法进行评价得出了如下几个基本结论:

1. 尽管可以用可接受风险这个词来描述一个决策过程,但是用它来描述决策的结果是不合适的。与最优选项相关联的风险并非在绝对意义上可以接受。人们接受的是决策项,而不是风险,它只是决策项的一种属性而已。更进一步说,决策选择高度依赖于对问题的限定、其他选择项的存在以及决策者。

2. 可接受风险决策的每一种方法都只能解决复杂的风险问题的一个部分。一种方法最大的贡献就在于它构建了它能够解决的问题的集合。如果我们必须提供一个实用性的建议,我们必须牢记每种方法的适用条件。

3.没有完全不涉及价值的可接受风险决策的方法,同样也不可能把事实与价值隔离开来。

4.风险问题的决策遍布整个社会。我们必须用心积累关于决策过程的每一部分的知识。

5.没有人可以掌握关于风险管理的全部知识。最好把专业权威视为相对的而不是绝对的,并可以为社会上的很多人所共享。

6.在某一特殊决策中,方法的选择不仅影响到权力和专业权威的分布,而且还影响到整个社会。如何面对这些广泛的政治问题是可接受风险决策的一个重要部分。

7.社会需要在长时间内面对风险问题。如果要让我们的管理能力与时俱进,我们必须认识到我们的知识的有限性,并且通过组织我们的经验来促进学习。

第九章

优化可接受风险决策的
建议

　　正如第八章中所说,可接受风险决策通常是由许多个体和机构在一种不协调的断断续续的过程中形成的。其中每一个行为者都对最终决策有所贡献。本章我们将给可接受风险决策中的四大主角提供建议,这四大主角分别是:技术界,公众,市场以及政府。这些建议之间并非相互排斥的。我们并不试图对建议进行优先排序,因为他们可以被同时执行。然而,其中一些可以在一夜之间完成,而另外一些即使是从现在开始实行,也要等到几年之后才能完成(如,牵涉到了教育问题)。当某些时间、资源以及政治因素阻碍了建议的实施时,我们当然必须对它们给予考虑。

对技术界的建议

技术界包括那些他们所受的专门训练决定了他们在决策过程中所扮演角色的人们,专业人员、正规分析者以及步步为营者都应归入此类,因此这些建议为如何更好地利用他们的技术提供了指南。为了强调不同方法之间的共同性,我们用"技术分析"这个术语来指代任何由专家们提供的建议,无论它们的逻辑是出于直觉的、正规的,还是比较性的。因为正规分析是最全面而明确的方法,本章所使用的术语与正规分析中的术语大致相同。然而本章所做的建议将适用于所有的方法。

技术分析的前提就是分析者能够比较好地了解可接受风险问题中的难题。人们可以轻易地论证每一个决策过程中应包含一个或几个技术分析:

1. 无论分析者的观点如何受限制,他们总能提供一些见解。

2. 认知上的限制使得并非每个人都能凭直觉进行这些分析。

3. 只要表述得清楚明白,即使有缺陷的分析也不失为一个好的开端。

4. 大多数分析可以同时反映许多参与者的想法,并聚集争论的焦点。

5. 一个分析可以通过某种形式来组织并总结技术上的细节,这有利于新情况出现时系统的更新。

141

当然,这些潜能并非总能在实践中实现。还有,分析既带来风险也带来收益。风险包括:

1. 使价值问题晦涩不明(隐藏于技术语言中和未阐明的假设中)。

2．使决策产生系统性偏倚（未能充分代表人们的关注如公平性或者较为抽象的成本和收益）。

3．剥夺外行人的权利（限制公民、记者或者立法者的参与）。

4．夸大分析的作用（过分夸大社会理解和管理风险的能力）。

5．延缓决策过程（将争论和诉讼的焦点集中于分析而不是所研究的问题）。

6．形成不可实施的解决方案（因为它的制定没有管理者、专业人员、企业或者中间者的参与）。

尽管技术分析有如此之多的风险，比起单纯的政治决策和直觉决策，技术分析仍不失一种较好的方法。

技术分析应包含哪些内容？

每一个政客都知道，控制政策辩论的议程是致胜的策略的一部分。分析的议程包含于对问题的阐述之中。在对问题的阐述中不提及某些决策项存在的可能性可以直接否定这些决策项，无视某些决策项所提供的最佳结果，则可以间接的排除这些决策项。有经验的，知道定义这些作用的人们会努力争取让他们所关注的问题在分析者的操作中得以体现；如果达不到这个目的，他们就会指控这些分析。在被忽略的结果尚未消失以及未引起注意的选择优于被考虑的选择情况下，全面性对于建议的合理性和政治上的可接受性是很重要的。

不全面性通常被归咎于有限的资源、资料或者权限。不幸的是，看不到的通常也就想不到。如果分析的目的是要概述可接受风险问题的总体情况以加强我们的直观认识，那么广度比深度就更为重要。表9.1列出了在我们进行详细的昂贵的数字计算和模拟时应该考虑的最基本的内容。所有无法避免的省略都应该被清楚明白的标出，并对其潜在的影响进行详细的讨论。

表 9.1　一项分析的最小范围

考虑所有可行的选项	考虑所有不确定性的来源
修改需求	科学知识中的
改进技术	社会价值中的
预防肇始事件	决策方法中的
预防泄露	实施过程中的
预防暴露	考虑所有合理的价值取向
预防不良后果	
缓解不良后果	
考虑所有主要后果	
经济	
环境	
社会承受力	
公平性	

考虑所有可行的选项　　隐患可以概念化为一条因果链,从一般需要到特殊需求,到技术,到起始事件,到中间结果,到有害后果(图2.1)。每个连接都与一些行为相关联。一般来讲,人们可以改变需求,变革技术,缓解后果等。尽管可能的范围如此之大,许多分析者通常只考虑一个选项(如,建造发电站),或某一选项的不同形式(在这里建或在那里建),或者同一解决方法的不同方式(杀虫剂 X 还是杀虫剂 Y)。即使这些狭隘性可能归咎于分析者有限的权利和某些经济或者政治现实,但是决策者和受影响者还是应该知道哪些可能性被排除了。

考虑所有主要的后果　　大部分分析方案一开始只是为了帮助某些个体或者群体决策者解决主要的经济问题。随着时间的发展,才逐渐扩展到社会水平的经济决策、与环境影响有关的决策以及影响社会结构的决策(邻居关系恶化)。所有合法的社会关注都应在分析中体现,只有先列出它们,然后再正式排除它们。

尽管进行环境和社会影响评价的目的是为了扩大我们考虑的后

142

果的范围,但是容易货币化的效应仍然得到了最多的关注,因为其他的关注多被误认为是感觉不到的。无论经济学家们对如何测量经济效果的意见是否一致,经济效果应该是指人们愿意花钱去获得或者排除的效果,因此,它应该包括环境改进或者退化带来的健康影响和经济后果(且不论要为生命、树木、遗传多样性以及景观进行定价是多么的困难)。环境影响评价应该包括保护或者加强自然系统的内在价值;而社会影响应该看作是社会结构、承受力以及应对未来挑战能力的变化。这些评价还应该包括下面这些问题:是否阻碍了创新?是否排除了某些潜在的选项? 是否会损害政府或者政府工作人员的信誉? 是否容易被理解?

143   最后,一个全面的分析还应该回顾一下谁得到了什么样的结果。这种公平性评价应该包括直接影响,比如金钱和生命,以及间接影响,比如政治权力的转移或者信息的可及性。不同问题涉及的人群也不同:可能是现在的一代与将来的一代、工作人员与非工作人员、富人与穷人、接近隐患与远离隐患的人。

考虑所有不确定性的来源 考虑所有可行的选项和所有主要的后果能帮助技术分析者把握要解决的问题,而要圆满地解决问题还需要考虑由下列情况所带来的不确定性:(1)科学知识不足、未有定论或者存在争议。(2)社会价值取向表述不清、不稳定或者有冲突。(3)政治压力或资源限制使得分析不能按原计划实施。(4)分析者的技术缺陷。一项技术分析应该完整的处理这些不确定性,不仅仅是把他们罗列出来,而且还应该通过他们对分析质量的影响进行分析。

考虑所有合理的价值取向 因为价值问题是可接受风险问题的关键部分,用于衡量可能结果的价值观应该被认真地考虑和陈述。

当社会的价值观不一致时,我们需要用一个数值范围来代表不同群体的价值,而且还应该讲清楚哪些建议是以哪些价值为基础的。如果只有一种价值观被使用(或允许一种价值观占主导地位),那么我们应该说清楚它所代表的是谁的价值取向。

如何表述一项分析?

当技术分析不能得出固定的结论时,我们则应该认真的使用它们的决策辅助功能。表9.2总结了我们的一些建议以便于开发使用者当前的观点并在实践中不断提高。

表9.2 如何表述一项分析

使用标准的表述方式	赋予变量输入和结论的限定条件
列出分析中的行为和价值的前提假设	给出总结性表述
详细说明分析的全面性	澄清资料来源和可能存在的偏倚

使用标准的表述方式 对于大多数一般消费者而言,技术分析都像是用外语来进行的。由于不同技术分析在术语和概念上的差异,学习该种语言就变得更加困难了。这些差异的产生可能是由于理论上的不一致,也可能是出于某种策略的重新命名(如,使用某一特殊的方法来推广使用,或者躲避针对某些熟悉的技术的批评)。不管这种理论上的转化有多么正当的理由,使用相同的术语和格式将有助于学习和对不同问题进行比较。有些人甚至会认为除非是很大进步,否则不要轻易采用改进的技术。除了使使用者感到困惑以外,新技术尚未经过反复的测评来发现微小的缺陷、尚未经过同行评审,也不具备完善的实施过程。

列出分析中的行为和价值的前提假设 在第四章到第六章中已经用了很大的篇幅讨论这样的前提假设,这些假设给技术带来了内在的偏倚和局限性。正如医生在烟盒上关于抽烟的警告对一贯的抽烟者来说是重复的信息,但是它为第一次抽烟的人提供了新的信息,它向所有的人展现了一种坦诚。

详细说明分析的全面性 如果一项分析不能对表9.1中所列的所有项目进行讨论,那么分析者就应该坦白地说明忽略了哪些内容以及为什么。这种坦白可以减少参与者被骗的感觉,澄清我们所讨论的问题的合理性,并使人们理解为什么分析的过程需要受到限制。

赋予变量输入和结论的限定条件 技术分析者已经对许多不同领域的不确定性进行了探讨,他们应该告知消费者结论的可靠性。因为可靠的限定条件是很难确定的,也是难以被理解的,因此,仅仅在最后敷衍的一提或者仅仅说"没有人是十全十美的"是远远不够的。除了被告知最大的不确定性和不一致性的所在之处,使用者还应当清楚不确定性的累积效应是否会使整个分析崩溃。

给出总结性表述 光有总结是不够的(还需要限制条件),但总结却是不可缺少的。人们无法理解冗长的概括统计、观点、表格以及图表信息。在为自己辩护时,观察员自己会对信息进行总结,但是他们的总结与专业分析者的总结相比,在概念上和计算上发生错误的概率要高得多。一种既可以从专家总结中受益又不过分依赖于他们的方法是,同时吸收多个专家的总结,每一个专家的总结都代表了一个来自于不同问题限制、变量输入以及结合规则的结论。

澄清资料来源和可能存在的偏倚 在科学研究中,不完全的记录会引起对结果的疑问;在具有政治性的风险分析中,偏倚也会诱发怀疑。批评家们会问:这些资料是来自赞同者还是反对者?分析者是否过分追求标新立异?检验实验室是否有意隐藏某些事实?尽管很尴尬,但从长远看,了解这些疑问可以避免很多的问题。为了避免

145

专家组的结论具有主观上的偏倚,美国国家科学院规定要求专家组成员公开其相关的经济利益。

技术分析如何管理?

因为分析所能使用的资源有限,注意力便转向如何分配它们。表9.3列出了三条基本的管理原则,其具体内容将在下面进行详细讨论。

表9.3 技术分析如何管理?

充分构建问题
避免不成熟收尾
并行分析

充分构建问题 问题的构建或者限定条件一旦确定,分析的最终结论、全面性以及灵敏性就会受到约束。当管理单个分析时,我们直到对问题有了充分的构建时才能开始详细的计算。当包含多个问题时,分析者对每个分析都进行一个简洁的描述比起只详细地描述一个分析贡献会更大。

避免不成熟收尾 一项好的分析对于问题的构建永远不可能停止。在第一轮,我们应当为下一轮分析重新塑造问题、提出新的解决方案、确定关键性问题以及整合新的见解。为了开发这种潜能,我们应该分配资源以保证得到各方面的评审以及全面性的反馈。

并行分析 时间以及资源的限制使得我们不能把每一个研究相对地孤立起来。因此,技术分析者应该:(1)尽可能使用以前的分析结果。(2)将分析单元化以便重复使用。(3)做普遍性决策。(4)简洁清楚地记录决策达成的过程和决策中潜在的推理。(5)在不能对所有方面进行深入的分析时,避免在许多分析中重复出现同样的忽略。

　　用技术分析来解决某些特殊问题将会在某种程度上阻碍它的长远发展。通过分散现存的分析资源以求对广泛的问题有所认识,也许能最充分的利用这些资源。然而,要提高分析技术本身需要对少数几项分析给予大量的投资以保足够全面,并集中科研才智将这些分析作为未来分析的模式。

技术分析者应该如何准备?

　　公共政策分析家的权力往往要大于其专业责任。他们有研究合同、出版途径以及"说话"或者论证的机会,然而相对来说却较少有标准、许可证、资格考试以及同行评审的约束。有的时候,不需要把风险问题神秘化为只有风险专家才能够理解的现象;然而另一些时候,风险问题的微妙之处被低估了,使得本来很有头脑的人也得出过于简单化的解决方案。表9.4中所列出的建议有利于分析者更好为社会服务。

146

表 9.4　准备技术分析的建议

教育技术分析者
培训计划
教科书和研讨会
实习生
提高专业水平
制定专业标准
提倡非公益性项目
保证外部评审
制定证词指南
拒绝有偏见的任务
尊重其他学科
验证技术

教育技术分析者　技术分析本身是一门应用性的科学,它基于

理论却也需要一定实践技巧。有三种方法可以提供较为系统的培训：

1. 研究生培训项目,结合技术理论与实践经验(像卡内基·梅隆大学的工程与公共政策学系)。

2. 编制教科书,组织研讨会,让来自不同领域的科学家熟悉风险问题。

3. 在政府、企业、劳工和公益组织中的实习培训。

提高专业水平　风险分析尚未步入专业阶段。这个阶段有利于与其他学科的公开交流,但在质量保证体系上却存在着弱点。积极控制一个专业,而又不抵制其他学科的措施有以下几条:

1. 在尚未由法律系统随意产生之前,设计一套专业人员的责任法规。

2. 设立一个非营利性的风险分析组织,就像在美国出现的一些大的会计公司一样"提供会计服务"。

3. 在任何分析合约中预留一部分资金(如,15%)用于独立的外部评审。

4. 为那些需要提供证词的专家提供指南。

5. 拒绝为预先决定和不可协商的结论进行辩护性的分析。　　**147**

6. 确保分析小组由多学科组成。

7. 鼓励对分析技术的有效性进行研究。

对公众参与的建议

让我们解散公众,而选择一个新的替代。——Brecht

拒绝公众的一个普遍的策略就是抵毁他们的智力,从而让他人来代表公众说话。然而,无论从经验上还是政治上我们都有理由对这项策略提出质疑。从实践的角度讲,风险管理通常需要很多普通人的合作,这些人必须甘于奉献和替代别人;他们必须善于使用选票并能选择一个立法者作为决策制定的代理者;他们必须遵守安全规则并合理使用法律系统。尽管专家对风险判断的能力比起普通人来要强得多,但是赋予专家们在风险管理中的特权意味着用短期效率来替代长远的创造一个有知识的社会的努力。从政治的角度讲,排斥公众的参与可能酝酿愤怒和无知。民主社会的公民最终会干涉那些他们认为不代表他们意愿的决策。当公众强行参与风险决策时,他们的冲动和技术上的无知可能会使专家们惊讶,进一步加深了这种疑虑——公众是愚蠢的。早期的公众参与可以避免这些冲突,它可能延长制定决策的时间,但却可以缩短实施决策的时间,而且有益于决策实施的持久。当需要公众参与时,表9.5 所提供的建议可以使公众参与更加令人满意和有效。

表 9.5 有关公众参与的建议

避免	认为公众
预定问题的限制条件	知道一些东西
暗箱操作	有怀疑的理由
只做表面文章(口唇服务)	热心于参与
肤浅的民意调查	参与的准备
操纵公众意见	学习知识
提供	认识不可能的需求
理解分析工具的指南	理解更为广泛的社会内容
经济和技术支持	

参与的条件

形容词"meaningful"在有关公众参与的讨论中的反复出现暗示

了在公众参与方面不太令人满意的经历。我们可以通过对阻碍合适参与因素的讨论对合适参与进行定义:(1)排除公众对问题定义的参与。(2)不让公众涉及部分决策过程。(3)忘记本应存档的证词。(4)用肤浅的民意调查来代表公众的意见。(5)将"教育"定义为可操纵性和一致性,即公众对专家意见的认同。

在这些阻碍性因素中,只有(4)还需要更为深入的讨论。虽然民意调查看起来是一种用来收集公众想法的方便却昂贵的方法,但是即使是理论上完全合理的民意调查在指导政策制定上也有一定的局限性:局限性的一个方面就是回答者只能回答那些民意调查组织者感兴趣的问题;而且问卷的设计形式也进一步限制了所能表达的观点的范围;第二方面的局限性就是假设人们对于民意测验专家选择的问题有比较成熟的认识以及他们的观点可以与供选答案相对应。通过澄清问题的含义以及答案的寓意,调查者与被调查者之间的相互交流是必需的,这为回答者理解并表达他们自己观点提供了机会。

参与的工具

技术专家所掌握工具的效力造就了他们在可接受风险决策中的中心地位。为了有效参与决策,公众需要了解这些工具。一个必要的步骤是弄清这些工具的优点和缺点。本书的部分意义就在于为决策方法提供使用指南。类别分析用通俗的语言来解释我们可以从流行病学、"巨型老鼠"研究和计算机模拟中得到什么。当使用这些技术时,提供说明性的摘要可以排除人们这样的怀疑——它们是用来迷惑公众以及剥夺他们权利的神秘工具。

另一个必要的步骤是为公众评审提供技术上的和经济上的支持。评论家很自然地对那些可能损害其利益的错误和失误最为敏感。如果只有争论的一方能够提供高质量的评审,那么就只有一方面的错误会被纠正,从而使结论出现偏倚。

这些步骤可以帮助公众将由工具产生的智慧与直觉的智慧做适当的比较。参与的权利同时带来一种责任——认识自己在知识和智力上的局限性。

解决冲突的程序

如果专家和公众都坚持自己观点的话,我们该怎么办呢?在一个民主社会里,"我们"不做任何事情;不论好坏,政治过程都将会解决这一问题。然而,假设一些英明的且不带有偏见的机构被委托来处理这些争端(这些机构或者是我们的法庭、立法机构,或者是政府机构);这些机构有可能负责任地对公众的担心做出反应而不考虑专家的事实吗?如果下面的任何一条成立,答案将是肯定的:

1. 公众掌握某些专家不知道的东西;仲裁机构则应调整自己关于事实的最佳估计。

2. 公众无特殊的知识,但却有足够的理由不被专家的证词所说服。仲裁机构也许会保持原结论,但应该增加置信区间。决策可能被延迟、受阻或者转换为一个更加确定的方案。

3. 公众无视证据,但对自己的观点有很深的感情投入。强行违背社会成员的强烈愿望是要付出代价的;这些代价包括社会道德沦丧、愤恨、不信任、破坏行为、紧张以及身心失调等(这些影响是具体的尽管它们来源于精神)。这些代价可能打破专家所找出的最优行为所达成的平衡。

公众的责任

参加可接受风险(或者其他)决策的权利伴随着一定的义务。首先要做的是努力了解在可接受风险问题中反复出现的问题。也许这些问题中最难解和最普遍的就是风险现象的概率性,在任何一个特殊的领域,都存在一些需要所有参与者了解的基本现象(如,核电厂不会像原子弹一样爆炸)。其次是避免对于不可行的方案的苛求,例如零风险。这种要求可能导致延迟、茫然,或者采纳那些似乎可以做到零风险的不合理的选项。最后,参与者要考虑他所提倡的选项可能有哪些更广泛的社会影响。例如,拒绝一个危险的设施建造在自己的社区,就可能意味着将它强加给其他社区。可能有人对这种强迫接受并不反对,但是需要对这种立场给予慎重的考虑。

对市场的建议

每当一个工人接受或者拒绝一个危险性的工作,一个消费者为了省钱购买一个带有缺陷的产品,或者一个生产厂家推出一种安全产品时,他们都在进行可接受风险决策。这些决策的智慧不仅影响所涉及的个体的命运,而且还关系到可接受风险决策的三种方法的有效性,每一种方法都反映了人们对于价值导向的思考和行为。这些思考和行为受制于市场信息交换和贸易协商中人与人之间的相互作用。表9.6列出的建议可以改善那些相互作用并且帮助人们确保为安全付出合适的代价。

150

表 9.6　给市场的建议

客观真实的对待技术革新的实验性证据	增强市场对安全性问题的敏感性
检测危险信号	将提供安全性保障作为决策变量
直面缺陷	认清安全性的成本 完善责任体系
为工人和消费者提供较完善的风险信息	研究如何处理风险制造者无法承担的风险后果

客观真实的对待技术革新的实验性证据

开发商重复使用的套话是:我们的产品是安全的,我们识别并解决了所有可能出现的问题,或者,我们是不会出售不安全的产品的。对于复杂的创新,这种保证往往言过其实,持怀疑态度的公众也往往这么认为。承认错误的存在可能性不仅体现了言语上的坦诚,而且可以从以下几个方面促进更好的可接受风险决策:

1. 提高信息的质量并增加安全度评价的频率。那些承认问题的可能存在的技术开发者较容易发现早期的预警信号。当工人替代其他社会成员作为研究对象时,这一点尤为重要。工人所接触的一些物质的剂量往往要比公众所接触的剂量高(如,PCBs);一些在工业上成功应用的方法已被应用于家庭中(如,微波)。由于最容易观察一个既定人群的大剂量暴露的健康效应,所以我们应该尽量从工人(经常还有他们的领导)所承受的痛苦中学习更多的东西。

2. 鼓励有关安全的有限性和其代价的更明确的讨论。技术开发者应该表达这样的可能性,他们的技术或许由于太危险或者被了解得太少而不能被推广;消费者应该认识到零风险的不存在。

3. 鼓励向工人和消费者提供更加全面的风险信息。这些知识可以增强他们争取从危险工作中索取补偿以及争取在安全设施上适度投资的能力。有时,较好的信息可以使他们认识到风险并没有他们原来所想象的那样严重,或者生活本身实际上总是伴随着对风险的选择。在其他时候,他们可能要求增加工资或者更加安全的产品,导致价格上涨,从而更准确地反映产品的全部成本。完善信息的一个有益作用是可以使人们更好的控制来自他们所接触的机械和物质的风险。

增强市场对安全性问题的敏感性

在市场调节风险的情况下，相应的市场机制需要加强。下面的建议有助于市场做出更好的可接受风险决策：

1. 将提供安全性保障作为决策变量。有时人们愿意为得到保护而付出大量的费用（如，对某些人而言的有机食品，登山装备）；有时他们却不这样（如，对于另外一些人而言的有机食品，被加固的汽车前端设置）。因为不同的消费者有不同的爱好，任何时候开发者都应该尽可能将安全作为一项决策的影响变量。如果安全和其他特征一样被强烈地市场化，人们就能更加准确地表达他们的偏好。

2. 认清安全性的成本。尤其是对于大规模的开发，安全的经济成本是以极为间接的方式来支付的。较好的信息会帮助消费者了解在哪些地方为安全付出过多或者过少，也将有利于比较在不同来源的类似风险上的成本分布。

3. 完善责任体系。法庭和较具体的责任案例为风险制造者在安全方面应该投资多少提供了重要的参考。但是，有时某些因素阻碍了法庭提供有用的反馈。目前，工人赔偿法限制了雇员直接从雇主那里获得赔偿金额。除了降低了雇主的安全动机之外，这种安排可能迫使工人控告使用的工具的制造商，以获得对伤害的赔偿。这些案例中一些是合理的，有的则不合理，它减轻了另一方的责任。通常，开发者、陪审团和使用者需要一个关于可预见风险以及合理使用的指南。Pinto 案件暗示了另一个问题：制造商可能因保持良好的记录而受罚，因而促使他们假装不知道并继续忽视他们的产品的危险性。因此，我们应该对收集资料和做有意识决策加以奖励，而对不完全或者虚假记录加以处罚。

4. 研究如何处理风险制造者无法承担的风险后果。许多风险造成的损失要超过它们的制造者的财产的总价值。尽管破产给予责任者一个有效限制,对公众的危害却可能是无限的。一个可行的措施是让政府成为最后的承保人,但是这个想法不会受到开发者的欢迎,因为这样会允许政府干涉他们的事务;也可能不会受到纳税人的欢迎,因为这样意味着用公共资金补贴私人企业。另外一种自愿性的方案就是由行业来承担其成员企业所造成的危害。一个副作用是企业实体之间互相指责对方的不道德行为,它们的技术特长和对他人事物的本能的兴趣使它们都扮演着独特的角色。我们还可尝试一种以法庭为基础的计划,在这个计划中,所有的企业以联合体的形式作为责任的第三方,用股金来支付对受害人补偿(R. A. Howard, 1978)。但是还存在一个类似的问题,而且至今没有可行的解决方案,那就是,当政府制造出它自己无法承担的风险时,应该怎么办。

152

对政府的建议

随着政治氛围的巨大变化,在可以预见的将来,政府对可接受风险决策的参与是不可避免的。即使是行政管理的最坚定的反对者也知道,对于复杂的技术而言,有效的自由市场是不存在的:复杂的技术自然营造了垄断的、关键信息的不公平分布并且模糊了谁是危害的责任者。更重要的是,从国家的利益出发,对某些技术的管理可能是如此的重要,以至于我们不能将它们赋予它们的创造者或者使用者。而另一方面,即使是赞同政府管理的人也会觉得政府管理,与社会对隐患反应的其他方面一样,包含了不完善的计划、评价以及协调。表 9.7 列出的建议有助于政府更好地参与可接受风险决策。

表 9.7　给政府的建议

管理单个风险	管理大范围的风险
给予清楚、可行的命令	鼓励普遍性决策
避免规定使用不完善的决策技术	建立风险管理的优先次序
避免随意干预特殊决策	协调可接受风险的决策
强调正当的法律途径解决问题	
给予代理机构持续的角色	

管理单个风险

管理机构不能在法律赋予他们的权利之外发挥更大的才智。不明智的委权将会给所有关心问题的人带来困惑。五条基本的指导原则是：

1. 给予清楚、可行的命令。可接受风险决策需要进行艰难的选择，特别是在对人的生命的价值进行设定这样伤脑筋的工作中。为了避免这种责任，国会将这种权利赋予管理者，但是又不给他们做最终决策的权力。结果，政府的中心就转移到法庭和那些敢于做出这种决策的技术分析者身上。为了使管理者的任务具有更为合理性，国会必须清楚明白地表述人民的意愿是什么。这个目标是无法通过建立不切实际的标准诸如零风险等来实现的。

153

2. 避免规定使用不完善的决策技术。当立法部门或者管理部门规定使用一项不能提供无懈可击的建议的技术时，可能导致无休止的后续工作。如果我们不能通过诸如成本—收益分析之类的方法证明任何实质性的问题，那么强制性地要求用这项分析来证明它们的存在就可能使我们陷入无休止的法律程序之中。比如，美国国家环境政策法要求对每项新工程做出成本—效益一类的分析，这可能导致这些工程无法证明它们的价值。相对应地，如果我们要求所有管理规章都证明其成本低于收益,从字面上讲,就意味着管理的终止。最后,我们还需要依靠立法者和管理者的智慧来做决策,决策技术为决策提供信息,但并不取代决策。

3. 避免随意干预特殊决策。立法上的快速猜测或者否决权的实施都可能阻碍可接受风险决策的一致性和预测性。尽管有些否决可以防止某些不明智的管理决策,然而更多情况下,这些否决是为了维护强大的既得利益。尽管这样做破坏了决策过程的稳定性和计划性,在长期过程中这些既得的利益也可能会受到损害。当我们发现系统性问题时,我们还需要起草新的委权协议以指导整个过程。

4. 强调正当的法律途径解决问题。可接受风险决策依赖一个健康的法律体系(如,来解释法律和管理规章,来审查证据,来追究污染者的责任),但是它也给法律体系带来很大的压力。这种高度的利益和时间压力可能会导致立法体系产生简化这些笨拙程序的动机。比如,出自对环境保护主义者的惧怕能源动力委员会可能会缩短现有的决策程序,能源动力委员会可能向研发者索取他们不愿意公开的专利信息。另一种方案就是在现有的框架中找出创造性的解决方案,比如,建立一个管理法规诉讼庭或者信息交易所用来审核敏感性数据,而不损害生产者专利信息的保密权益。

5. 给予代理机构持续的角色。原子能委员会的解体证实了这样一种假设,没有任何实体可以同时进行研发和管理。三里岛事件暗示了另外一对不和谐的角色:一个本来进行日常决策的机构并不能很好处理紧急情况。柯美尼委员会(U. S. Government, 1979)建议用一个专员来代替现有的五人委员会似乎改变了这两种角色之间的优先顺序,但并没有把它们隔离开来。另外一种解决方案就是围绕一种角色来成立机构并制定意外应对计划,在出现紧急情况时,机构可以迅速从日常程序转换到紧急程序(或者相反)。

154

管理大范围的风险

改进小型决策是改进的大型决策的一个必要但并非充分的条件。下面的建议用于处理风险问题的整体的资源分配。

1.鼓励普遍性决策。美国有大约六万种化学物质和五万种消费产品,哪怕只有很少的一部分在法律和技术上与糖精或者易燃性睡衣问题具有同样的复杂性,我们也需要大批的分析者、律师、毒理学家以及管理者来处理。处理隐患的政府机构注定要陷入超负荷的工作、挫折以及大量令人吃惊的由被忽视的隐患累积而产生的危害事件中。一种很明显的解决方案就是将精力集中于普遍性决策,为了这种策略的成功,我们必须对隐患进行认真仔细的分类。不可避免的,与理想的成员类型相比,类别的某些成员所受到的处理可能过于宽松,而另一些成员所受到的处理则过于严厉。然而,为了换取广泛的覆盖性和一致性付出这样的代价是可以被社会接受的。

2.建立风险管理的优先次序。对于美国消费品安全委员会的一个反复的抱怨是,它通常只关注某些小问题(如,浴池滑倒)。尽管对于这种选择可能有其合理的解释(如,组织程序最适合于解决那些没有争议性的案例),无法对此给予有效辩解往往使得机构容易遭受攻击。为了避免这些批评和保证处理问题的及时性,我们需要设定一些决策的优先顺序。下面是一些在不同场合下可供选择的方法(并非总是如此)。

首先处理具有以下特点的隐患:

(1)最引人注目的后果(如,提高机构的形象和信誉度)。

(2)最不引人注目的后果,特别是影响到那些政治上的弱势群体(保证给他们说话机会)。

(3)具有最大的潜在的灾难性后果,不考虑其发生机会(缓解恐惧和减少对社会弹性的威胁）。

（4）长期后果与短期后果的比值最大（给予前者超过其应有水平的直接性）。

（5）可以保证以最快的速度、最低的成本解决问题（如，儿童安全剂量上限）。

（6）有大量可供选择的控制措施，包括替代技术（开发某一行为的潜能）。

对于管理机构而言，一种基本的选择就是不设定任何优先性并以随机的顺序解决问题。一旦隐患的优先顺序被确定，处于列表最下部的技术就被放松。不可预测性使我们变得警觉，并且时时按照安全的原则考虑问题。

3．协调可接受风险的决策。下面所列的管理功能对可接受风险决策来说是至关重要的，但通常缺乏系统性的应用。

（1）解决不同机构间的司法冲突。

（2）评价标准在不同风险问题之间以及同一风险在不同领域内的一致性（如，空气中的铅含量与家庭饮用水中的铅含量）。

（3）认清多种风险的效应（如，累积剂量、协同效应等）。

（4）管理信息（整理资料库以增强其可及性，标准化研究报告以增强其可理解性）。

（5）提倡与政策有关的研究，特别是集中有不同职责的机构的资源以鼓励对普遍性问题进行基础性研究。

（6）监督和改进可接受风险决策（如，找出经常出现的省略和过度简化）。

这种协调工作是如此的重要和复杂以至于不能将其委托于某一偶尔存在的机构。成立一个持续存在的委员会，如政府管理机构联合小组，是向解决此问题的正确方向迈出的一步。如果来自各机构的代表有足够长的时间积累专业知识以及足够的能力去影响该机构的操作,那么这种联合委员会的效率将会得到进一步的提高。如果做不到这一点,就可能需要一些不太情愿的安排。尽管把政府当作风险决策的唯一裁决者是不成熟的(而且有一些令人讨厌),但这种观点在短时间内还不会消失。

总　　结

　　尽管我们的方法存在很多缺陷,但是我们不可避免地要进行可接受风险决策。本章提供的建议可以使我们的能力得到最大的发挥。这种能力广泛地分布于社会中,有效决策需要技术界、公众、市场以及政府的参与。对技术界的建议强调他们的工作必须更全面和清晰,必须加强培训。对公众来说,需要学习知识,增强责任感。对市场的建议包括更仔细地检测安全信息,增强对安全信息的反应能力。政府应该提供明确的指南,并树立处理公共风险的威信。

156

第十章

我们需要学习什么？

前几章反复谈到，我们现有的决策手段尚不足以应付诸多隐患所带来的挑战，如果我们对这些手段的期望值过高，由此带来的结果将十分拙劣，无法令人满意。本章将讨论我们尚不了解的领域并指出能够加深我们对这些领域了解所急需的有前景的研究项目。这为减少五个常见难点带来的不确定性提供了建议。本章最后讨论了未来研究获得成功的社会和文化背景。本章的潜在前提是，研究是替代试错法学习的一个有效方法，尤其适合那些总遭政治压力打击的机构（如，机关、公司）和无法使用新程序充分反映其自身经验或实验的消防工作。在可接受风险决策中，发展其他理论是一个非常现实的问题。

对如何减少问题限定中不确定性的研究

一个问题一经限定,其解决方法可能也就确定了。我们已经尝试去找出问题限定中关键问题以便对不同的方法从何入手提出建议。如表 10.1 所描述的那样,额外的分析将进一步揭示可接受风险决策的细节并提供解决它们的方法。

表 10.1　对如何减少关于问题定义的不确定性的研究

扩展现有的分析	为后果的确定提供指南
考虑其他的方法(如,市场、程序的)	构建一个有关后果的提纲
重复用三种方法分析	寻找系统性的遗漏
制定风险定义的一个框架	设计更清楚,更可行的选择方案
给隐患种类划定界限	确定全部的可能性
澄清主要描述变量的逻辑(如,风险自愿)	发展实用的表达方法

扩展现有的分析

上述我们所描述的三个一般的分析方法是在可接受风险争论中被极力倡导的分析方法。决策分析应该扩展到第三章简单介绍的其他程序定位方法,这些方法体现了市场和程序的逻辑。它们拒绝集权性的分析决策,而倾向于允许标准在不同参与者间的相互作用和实践中发展。这种在实践中学习与协商相结合可能出现于市场或者不同的社会程序中(包括选举政治和那些擅长于和稀泥的官僚体制的运作中)。

我们重点讨论的三个方法自身固然还不完善,因此需要反复讨 **157**
论它们所提供的信息和引发的批评。

两种特别有用的扩展之一是对方法和特殊问题之间的适应性及优势互补的杂交方法进行更深入的分析。另一个扩展可能是调查每种方法对现存社会决策结构最适应的形式。

制定风险定义的一个框架

像任何新生的领域一样,关键术语上的不同意见阻碍了可接受风险决策。专家和外行之间存在的一些误解似乎是因对风险定义的不同理解而起。许多定量标准,如"将每个职业活动中致死性事件的风险降低到小于 10^{-5} 每年",由于对事件或活动定义的不确定性而无法明确。在设置空气质量标准时,如果没有一个明确对"不利的健康影响"的定义环境保护机构就必须避免使用该术语。因缺乏对风险的分类,使得普遍性决策或研究重点的确定随之受阻,甚至对"自愿风险"和"暴露"这样一些简单的术语进行仔细研究后也会发现:在不景气的劳动市场中找工作,或者科学家的飞行旅行,或因上瘾而吸烟在多大的程度上是自愿的? 我们是经常还是偶尔暴露于手枪风险之中? 定义的权威性使人们通常怀疑理论上的不同见解来源于既定的利益。

我们需要共同努力去弄清当今所使用的定义,澄清它们潜在的假设、鉴别它们的限制条件,并建议标准的使用方法。因此,要发展一个可接受风险的理论,首先必须弄清楚它的原始概念。

为后果的确定提供指南

鉴于确定一套相关后果的重要性,决策制定者不应该每次都从头做起。他们需要列出特殊风险的影响及要使用的理论,例如,哪个结果对哪个支持者是重要的,应该考虑哪些高阶效应和协同效应,什么情况下人们面临成倍的风险,什么情况下指示性结果可用来反映一连串更糟的可能后果。制定该指南的方法之一是,通过回顾性技术从而识别出被系统性忽视的结果(Tarr,1977)。另一个方法是为目标和结果搭建一个通用结构,例如为能源设备定位(Keeney,

158

1980b)。

设计更清楚、更可行的选择方案

指南必须确定一套可能的选择方案并说明每个方案的优势和劣势。这种指南能帮助决策制定者了解哪些是令人信服的方案,让批评家了解其中忽略什么方案了。指南将会指出如何使用那些足够清晰和可行的术语表达选择方案从而避免执行方案中出现武断和不一致。像前面一样,我们应从一个隐患理论(如,图 2.1)和对当前实践的回顾着手。特别有趣的是审视一下现有的法定方案:这些法案的详细程度如何?一些隐患是否不需要如此详细的立法?法律如何处理不严格执法的可能性?

对如何减少事实的不确定性的研究

我们只有当知道如何使用知识时,才能更好地利用它。没有一个框架可以同时用来整合新旧知识和了解知识的局限性,自信的增长速度可能超过智慧。虽然对实际知识的需要因问题而异,但是通过研究认知论应用上的一些普遍性的问题,可以有助于澄清不确定范围。表 10.2 对这些机会进行了总结。

表 10.2　对如何减少事实的不确定性的研究

探索知识的局限性	改善社会容纳证据的能力
描述它在不同领域发展的程度和速率	为专家论证发展更好的程序
制定用等待换取更好的知识的普遍	为公众的参与发展更合适的形式
规则	发展更好的总结方法
理解专家的判断	对可能的风险统计进行理论分析
调查专家的认知过程	对专家提供信息的能力和外行人理
评估专家估测自身知识局限性的能力	解信息的能力进行经验测试

探索知识的局限性

在做不确定决策,特别是决定决策时机时,了解我们的知识的递增速度是很重要的。这里的研究将探讨这样的问题:什么时候等待更多的数据点或一个科学突破是值得的?各种知识的前沿是否很快会有所突破?哪些技术革新较为可能而哪些不太可能?在什么程度上技术系统的可靠性会被它们的复杂性所限制,使得用来解决一个问题的决策行为却不经意间引起其他问题(如,更多的报警系统造成误报更多从而导致了警惕性的降低)?一个较为社会学化的评估可能尝试着估计在多大的程度上科学家和技术开发者被迫给出一些不可能的许诺来为他们的工作获得时间和资源,他们是否会像外行人那样低估完成任务所需的时间?

159

我们对事物的了解通常受我们认知能力的限制。了解不同科学问题都具有最终可被分解的特性之后,决策制定者就可以对科学的应用范围有一个更实际的认识。该项目的产物可能用于解释流行病学在解决复杂因果联系、理论和经验在评估低概率和临床试验在确定药物疗效上存在的种种局限。

理解专家的判断

决策制定者通常极度依赖于专家以直觉告诉他们哪些是现有数据所无法提供的,特别当难以得到一个独立的第二种意见时,人们需要一个指南来帮助解释专家的判断。虽然对经过高水平培训的人员的思维过程所进行的研究甚少,但是人们很容易将现有的研究方法应用在这些问题上,如:人们能从对外行人的研究中总结出专家意见吗?或者这些外行人的判断过程是否大相径庭?专业训练加重还是减轻了某些特殊方面的误解?两个经历了相似训练的专家意见的独立程度如何？专家对自己知识局限性的了解程度如何？如果人们认为，专家在解释结果时不是站在公正角度，而是以强烈的个人动机去支持他所宠爱的理论或讨好他的客户，那么将会有更多的研究问题出现。

改善社会容纳证据的能力

公众和专家是社会所公认的智慧的两个来源，然而不幸的是，我们的法律和政治机构似乎不具备挖掘任何一方提供见解的能力。法律设置的敌对方式可能无法以完全平衡的方式来启发专家的知识，**160** 特别是当包含有统计证据时候。公众的意见虽然是个被夸耀的理想，也通常由缺少权力的下级官员去负责征求，在意见的征求过程中他们不为公众提供任何技术帮助。更好利用这些人类资源的方法包括创立一个科学委员会，纳入有代表性的公民进入陪审团参与决策制定，采用不同程序来赢得专家论证，并针对公众的风险意识展开常规性民意测验。这些建议有助于理论分析和实际验证。此外，也应该补充一些其他社会问题上所采用的程序，及在其他国家用于可接受风险问题的程序。

发展更好的总结方法

科学的结果只有被理解才能有应用价值。当从多个维度来描述自然界(如，空气质量)，其中每个维度以不同的统计量描述，且对一些人群中每个成员影响不同时，要想去理解也就近乎不可能了。这是需要去系统性发展风险指数，而非让那些统计量的使用者或制造者得出一个特别主观的总结。与可接受风险决策的方法一样，这些指数应该是全面的、站得住脚的、可理解的。

毫无意义的统计本月比上月增加了1.5%

Dana Fradon 画　纽约杂志授权再印。

161

另一不同的总结方法是一个专家对他或她处理隐患的经验进行判断性的总结，专家不总是以风险分析者所要求的能够被认知的形式来组织他们的经验。例如，一个机修工，由于习惯了在问题出现时才发现问题而不能估计出失败率或不同故障同时出现的可能性。如果有理论需求的总结方法却无人能应用，那么它们就一无是处了。判断程序的发展要求同时擅长统计和认知两个领域。

对如何减少价值不确定性的研究

可接受风险决策要求人们在复杂的、细微的、新生的问题中评估他们的价值。表10.3提出了这样一些研究，它们可以帮助人们发展和表达明确一致的价值判断。

表 10.3　对如何减少价值的不确定性的研究

发展改良引导价值的方法	在可接受风险决策中对价值问题进行理论分析
发现更好的方法来明确表达问题	找出可能的看问题的角度
建立更合适的调查者——被调查者的关系	找出它们的含义
调查公众对可接受风险的态度	确定隐藏的议程
确定相关的被调查对象	区分未直接涉及的问题
进行适当的调查	理解怎样仍然可以把它们综合进来

发展改良引导价值的方法

有关调查研究的一个天真的观点是民意测验专家总能找出公众对任何决策者所感兴趣问题的想法。在涉及不一致、模糊话题的民意调查中,低的拒答率加深了这个观点,虽然人们可以对向他们提出的任何问题提供一定的答案,但是人们所表达的很可能只是被注意的愿望而不是内心所持的意见。

对改善价值引导方法的研究可能包括有计划的交互作用,在这个交互作用中调查者从不同角度重复回顾问题直到不再需要(或被拒绝)时;也可能包括无计划的调查阶段,在这段时间内回答者可以自己选择问题。虽然具备这些特征的一些程序已经被用来启发个人的价值(Keeney,1977;Keeney Raiffa,1976),但是却很少有集体性的经验,特别是,当评估公众的价值时,我们需要大量的专家(如,哲学家、经济学家)以保证对问题良好的构思,同时也需要实际专家来保证问题的清晰表达。

调查公众对可接受风险的态度

如果调查所表达的"公众"声音出现了混淆或不理智,问题可能出于传达者或接收者。前一部分描述的方法能使后者的可能性降低。它们的应用要求对问谁和问什么这样的问题有一些战略性决策。

"公众"通常被定义为能被发现,并愿意回答问题的,由概率抽样所产生的成人样本所代表的任何人群。当事件的不明确性和复杂性导致即使是最敏感、相互交流最活跃的访谈也不能给予一般的外行人充分指导时,最能代表公众利益的方法就是通过询问现有对话题感兴趣的人群,或雇用有代表性的一组公民在一段时间内对问题进行跟踪。重复调查也许会有帮助,通过它们我们希望能看到人们在考虑风险过程中变得越来越成熟,态度和行为变得越来越一致(如,人们了解了逻辑链),并看到一段时间内稳定的价值观。

当启发公众价值时,另一个重要的战略决策是是否询问特殊的政治建议,如应在哪里设置能源设备,需要哪种遏制体系,或者需要什么样的土地使用规章制度。有时,人们或许能够在这个水平上形成清楚的立场。另一些时候,他们可能更愿意回答一些可以用于推导一些特殊建议的原则问题,如:在可接受风险决策(或其他的程序)中公平应该作为一个目标吗? 对于自愿和非自愿活动应该有不同的安全标准吗? 政策决策应该受我们现有价值观的指导还是受理想价值观的指导?

在可接受风险决策中对价值问题进行理论分析

成功的决策和调查依赖于知道应提问什么样的价值问题并理解不同答案的社会含义,因此那些试图帮助人们建立与他们的潜在价值观一致立场的调查者或技术分析者需要掌握一些关于这些问题的实际知识。他们应该从由哲学家、经济学家、心理学家、社会学家和其他人组成的多学科小组针对问题所做的理论分析中吸取信息,而不是仅仅依赖于已经形成的普遍性方案。这些分析能在细节上探索这样的问题:如果社会不能为避免灾难性死亡安排额外费用,那将意味着什么? 什么样的隐患政策会违反我们的社会契约? 如果公平是重要的,它是否不仅应该在经济学效果上,而且在政治权利、知识和对资格的感受上也应该得以考虑? 这些分析应该详细考虑不同政治和文化背景中这些问题是如何被处理的,以及不同的世界观是如何看待这些问题的。即使是非信徒也可能从自由主义者、马克思主义者、印度教徒、基督徒、嬉皮士、或达达派艺术家关于可接受风险问题的分析中学到一些东西。

确定隐藏的议程

当决策制定的参与者发现正式的问题定义排除了某些对他们来说很重要的问题时,他们可能会借助于牵制策略。没有为他们真正所关心的问题提供一个讨论的平台,反对者可能会用任何方便的理由来反对设置一个特殊的能源设备。公司可能被迫把他们明明认为合理的章程作为他们所反对的所有规章的一个部分。证明他们自身能力的愿望可能会使分析者渴望被咨询,使博学者和专家渴望成为曝光的焦点。当社会政策已被决定时,人们很自然地会在任何可能的地方运用杠杆作用。如果人们揭示这些隐藏的程序,就能提高对正式问题的讨论水平。参与者因暴露他们的偏倚所失去的,通过显示他们并没有原来看起来的那么不理智而可能得到补偿。

隐藏议程的存在表明了合法的关注未得到应有的重视,研究如何处理这些被忽略的问题可能是适时和有用的。例如,尽管对国家能源政策的直接讨论可能是昂贵的而且是不受欢迎的,但是把压力从小的、技术性的决策(如,有关发电厂的设置地点的决策)上移开还是值得的。

163

对如何减少人的因素的不确定性的研究

人们认识风险并做出反应的方式是可接受风险决策的核心问题。我们目前对这些过程的理解一小部分依赖于心理学研究,其应用了复杂程度不同的技术,而大部分则依赖于专家们的推测。表 10.4 所建议的研究能帮助专家理解并服务于公众。

表 10.4 对如何减少人的因素的不确定性的研究

发展研究风险认知的方法	发展教育程序
理解人们用于风险定义的术语	产生课程的内容
给不同的人群创建不同的启发程序	识别人为操纵公众舆论的危险
调查公众对风险的认知情况	找出决策者对公众的风险认识的看法
询问一般人群和感兴趣的人群	确定公众观点和要求的认知本质
鉴别教育的需要	确定公众理解和能力的认知程度

发展研究风险认知的方法

评估公众风险感知的直接方法是启发公众对风险的估计并将其与最佳技术估计相比较,两者之间的差异被解释为是对回答者无知的测量。虽然是直接的,但是这个研究策略不同方式上对许多经验性问题存有偏见因而增加了公众表面上的无知。为了发展更复杂的方法,我们需要对下列假设进行探索:(1)人们能把他们自己的知识转化为让调查者感兴趣的任何术语。使用别的公式和更合适的术语能使人们更好的表达他们所知道的东西吗?(2)提供总结性的统计结果是体现完整性的唯一方法。描述众所周知的事故或一系列决策行为的能力是对回答者进行测试的一个更好的方式吗?(3)公众关注于和专家相同的风险方面。公众擅长评估个人风险还是评估美国成人的整体风险?比起年死亡率,他们会更担心潜在的灾难性和发

164

病率吗？（4）错误不能反映外行人的理解力。错误来源于媒体和专家所提供的信息的质量吗？矛盾会随着适当的教育，或通过给回答者多种观点的反馈而消失吗？对这些问题的研究对于了解人们知道多少及如何帮助他们知道得更多是非常必要的。

调查公众对风险的认知情况

一旦被确定，经改进用于风险认知的研究方法就应当应用于一般人群和某特殊目标人群。对前者的调查应该显示兴趣和知识的背景水平；对后者的调查应该显示理解的潜在能力。只有在这些调查之后我们才能对公众对风险的态度做出结论。公众了解什么？他们想要什么信息？他们信任什么样的消息来源？风险对他们来说意味着什么？他们如何设置自己的优先顺序？他们如何定义这样的一些术语，如事件、职责、预见能力、控制能力、自愿？在哪些地方他们需要帮助？在什么地方他们的观点可以丰富甚至替代专家的观点？

发展教育程序

当明确了人们对风险问题需要有更多的了解时，也就明确了对教育的需要。如果为人们提供了用心理学术语来清晰表达的可靠证据，就会很容易改变他们的想法。以前两部分所描述的研究所得的结果为基础，我们应该发展提供这些证据的程序。需要发展为一些特殊人群提供证据时所需的程序，他们包括有职业风险的工人、科学作家、一般的新闻记者、处方药使用者和年轻人（可能集中在毒品和避孕药上）。由于认知过程的根深蒂固，从年轻时开始就进行教育可能为开发理解风险问题的智力技能提供了最大的希望。由于专家判断扮演者重要角色，我们应该发展技术来帮助专家更好利用他们所掌握的知识。就像对人类行为的其他任何研究一样，对教育的研究既能用于强化公众的决策能力，也能用于挖掘公众决策的弱点来达

165

到某一操纵性目的。研究者有义务提供一个便利的指导,从而将提醒人们风险的信息在很大程度上是可以被扭曲的。

找出决策者对公众的风险认识的看法

许多风险决策都基于政策制定者有关公众相信什么和想要什么的想象。这些想象不一定准确,甚至可能误导政策。对外行人知道的,或想要知道的多么多(多么少)的一般误解可能歪曲他们在政治过程中的角色。我们既需要研究决策者对风险的了解也需要研究他们对公众的了解。

对如何减少决策质量的不确定性的研究

每个可接受风险决策的方法都认为风险问题的智慧有一个特殊来源,要么来源于众多受过教育的专家的直觉,要么是来源于一般专家意见的综合,要么是历史程序的自然功能。理解这些公认的知识来源如何起作用将有助人们认识其产生决策的可靠程度。表10.5总结了对这一方面的研究。

表10.5 对于如何减少决策质量的不确定性的研究

研究专业判断的主观方面	阐明市场机制的效果
鉴别主观因素进入专业判断的环节	评估在可接受风险例子中完美市场假设的有效性
评估潜在偏倚的大小和方向	评估这些假设的失败对解释市场数据的威胁
提高正规分析的责任	明确所建议的决策的实施
发展专业标准和评估工具	描述因挖掘漏洞和不确定性引起的选择方法的改变
估计现存分析的质量并建立轨迹记录	预见副作用

研究专业判断的主观方面

专业判断以三种方式参与决策：填补缺失数据，确定客户愿望，以及对问题进行定义。简而言之，这些功能分别处于事实、价值以及事实和价值交叉的范围内。前面我们针对第一项功能的研究做了一些建议，现在我们要转向对后两项功能的研究。

只有当专家了解客户的兴趣所在时，他们才能代表客户。由于模糊的规范、易变的价值观和竞争性的话题，很可能导致对以上兴趣的多种解释，也使得专家更容易有意或无意的将自己的价值强加于他人（当有疑问时，根据您的判断来决定）。需要通过系统性研究来鉴别专业判断中所暗示的平衡点（如，美元和安全性之间）和对这些平衡点的适当政治分析。还需要通过类似的研究来揭示专家在发展一个有关隐患问题的可操作性定义时心理和政治过程所起的作用。他们考虑和忽略了哪些后果？在什么环节上寻找可能的建议？可能忽略了什么样的控制策略？以何种方式成为那些未经证实理论或失败研究的俘虏？

提高正规分析的责任

任何努力如果不能评价自身的表现都可能会招致一些怀疑。技术性风险分析同其他形式的政策分析一样，通常宣称，我们正在尽最大的努力，或者，我们的客户喜欢我们的工作。这些辩解在阻止批评方面获得了一定程度的成功，反映了它们是毋庸置疑的事实。

对于和心理疗法有着相似复杂问题的专业，其复杂的评价方法提供了更好的答案的可能性。该研究的一个要点应该是回顾性案例研究。是否征求了其他分析者的批评？分析是否根据新的信息和观点进行了更新？所有相关观点是否均被考虑了？技术细节是否有序？第二个要点应该是对方法效率进行的经验性测试。这些可能包括有利于比较的技术的标准化,问题和处理方法的随机分配,有意地留下一个清楚的检察线索和便于评估的建议的形成过程。第三个要点是对方法处理特殊问题时的弱点及其对某些特殊情况的适用性进行理论分析。

阐明市场机制的效果

外现偏好法和成本—效益分析都依赖于市场机制的充分性。它们都假设一个无限制的、反应迅速的市场,该市场服务于有知识的理智的决策者———一幅包含了市场和它的居民不太准确的画面。虽然人们可以争论说一定程度的不准确是可以接受的,但是人们不清楚在这些方法失效之前他们到底可以承受多大程度的不准确。对公众风险认知准确性的研究是解开这个谜团的一把钥匙,对市场失败的研究是另一个办法。我们需要应用理论分析来评估市场数据解译中有关研究的含义。

可接受风险的争论通常围绕着经济学上未经充分证实的论点。我们需要更好的研究来帮助回答这些问题:人们真的不愿为安全投资吗(或者拒绝是由于所设计的安全性装置不受欢迎)?公司是否会逃避有严格环境标准的发达国家(或者他们假设发展中国家最终也会接受来自发达国家的标准)?工人们是否为他们所承受的风险寻求赔偿(或工会更关心其他方面的问题)?规章管理是否倾向于通过促进技术革新来鼓励工业生产(或它们给外国或较大的公司以不适当的优先权,从而降低了竞争性)?

明确所建议的决策的实施

对重复出现的决策制定的不安全感来自于对决策执行后实际情

况的关注。我们需要通过研究来明确我们得到我们所期望的甚至更多的东西的机会。人们尤其需要通过更多了解去指导当前实践中有关决策执行的假设。例如，有这样一个假设，一旦标准被制定，受影响的团体就开始探索各种方法以确保它们自己获得最大的自由和优势。为了减少这种创造性解释的机会，人们倾向于依赖技术标准而不是表现标准：虽然技术标准遏制了工程的创造性，但是它提供了便于遵循的方法。但这个论点合理吗？坚持这个论点会导致失去什么机会？有关可接受风险决策的，其他需要研究的领域包括了由于对被管理的污染物进行测量而失去的自由、延迟、损害诉讼和人为地对技术定义的操纵（如，把一个主要的技术分解为一些更小的技术，每一个都低于正式规则的阈值）。

当可接受风险决策与其他社会系统发生冲突时所产生的有关决策执行的问题也应被研究、预见和预防。这些冲突往往引发这样的问题：当工人受保护的权利与雇佣者隐私权相冲突时会发生什么？在什么程度上对一些污染的容忍影响了受害者的财产权？政府要求的报告在何种程度上严重威胁着私有信息？对核电站和核原料的保护真的构成了对公民自由的威胁吗？

168

一个试验性的学术环境

以上描述的方案所要求的研究技术超越了任何单一科学家的能力范围，我们所需要的是有目的地建立一个具备正确混合结构的多学科研究界，既从事基础研究又从事实用研究。以下建议就是用来帮助我们完成这一任务的。每一个建议都与当前的实践有一定偏离，它提示了学术机构需要有承担风险的勇气。

拓宽风险界的等级 当前可接受风险决策的专家很少受过这一领域的培训,这是因为过去(或现在)还没有这方面的培训。不同的是,专家们经过传统学科的培训,因学术上的兴趣或某一实际问题而被卷入风险决策,结果,他们所代表的不同学科通常不能完好地、平衡地得到体现。当风险问题影响到整个社会时,所有学科的每个成员在风险决策中都起着一定作用。但是对他们的参与,我们必须警觉地认识到,虽然可接受风险决策有比我们认识到的更多与其他复杂社会问题的相似之处,但是它们仍然有一些自己独特的微妙,即使是聪明的观察者也往往不能立刻做出有效建议。

创建一个风险管理专业 很少有人投身于交叉学科的一个原因是这样做报酬甚微。大学的院系更喜欢能教传统课程并能用一般标准评估教师,被联合聘任的教师通常无人过问。那些不能做基础性研究的人就去做实用性研究的想法很普遍,过去的一些交叉学科的研究项目的质量进一步加深了这一观点。有时,科学家从其他学科借用某些工具和手段,但却没有充分地认识到这些工具和手段来自于长期经验的局限性。当来自不同学科的科学家一起合作时,尤其在缺乏同行监督批评时,为了获得重视他们可能会过度吹嘘自己的专业知识。缺少对交叉学科及应用性科研成果的系统性同行评审进一步加剧了质量控制上的问题。虽然创建一个具备我们所熟悉的所有形式(如,期刊、职务、标准等)的风险分析专业并不能解决所有的问题,但可能是向正确方向上迈出了一步。

让不同专业的代表参与对研究项目的奖励和监督 学术和研究机构一般都发展建立了实际的学科分类体系,它反映了政治的影响。现实的问题通常被限制于某一个学科中(如,经济、气候学),而这一学科不会情愿与其他学科分享关注和资源。然而,要弄清复杂的问题,少不了不同学科间的相互尊重与合作。举一个例子说,如果只是当毒理学家希望在已定的研究议程中加入一点儿"社会相关性"时才邀请社会科学家,我们就无法期待学术上的进步。促成学科不平衡的一个反复存在的偏见是技术有办法解决经济健全的问题。一个社会科学家可能相信增加效益最有效的办法是改善对现有技术的社会控制,从而从这些技术中获得更多收益。混合这些立场既能产生激情又能产生新的见解。

一个在试验中的社会

可接受风险的决策正引导我们的社会进入到一个有空前影响力的、巨大的、无统一协调的试验中去,我们可以从这个经历中学习尽可能多的知识。研究是一个策略;承认我们行为的不确定性并设计我们的行为以便于学习是另一个策略。没有这些努力,要分辨我们现在的行为和正在发生的事件都是很困难的;情况在许多方面的迅速变化,缺乏系统性收集的数据,程序中途被砍或重新设计,等等。即便当直接的结果看上去并不需要深思熟虑的试验时,从累积性学习出发我们仍需要作下述的努力。

进行模型分析 我们从反应堆安全研究中学到的一课是通过对才能和资源的大量投资,技术才得以测试、阐明并改善。当我们为模型分析提供广阔的范围、充分的重复机会、严格的同行评审等诸如此类工作时,相当程度的投资可能帮助我们了解我们是否能从其他方法中学到一些东西,如果可以,那么什么是我们所能学到的。

主办者示范的公众参与程序 很明显,公众参与并不会带来任何利益,如果公众缺少充分和准确的信息加之下级官员不认真倾听,有鉴于此,我们需要通过认真的设计和监督来建立真正的公众参与潜力,包括在问题定义的最早阶段让公众进行有实际意义的参与,让他们参与整个决策过程,并给他们提供技术支持。

建立一个"理想的"隐患监控系统 食品药品监督管理局、消费者产品安全委员会、疾病控制中心及职业安全和健康管理局都有监测初级隐患的系统。然而,每一个系统都存在着一些严重问题,诸如报告不完全、数据的所有权问题和证据模糊等。集中精力对待一个问题有助于我们更好认识监督的潜力和困难。工作场所可能是较适合的起点,因为那里的风险相对较高,并且一般来说可以确认暴露于风险的人群。有用的步骤可能包括雇佣工业卫生学家来筛查工人,保护团体避免因保持优秀记录所带来的责任,以及找出在哪些环节工人的大剂量暴露最终可能会导致一般公众的较小剂量的暴露。

总　　结

考虑到可接受风险决策的巨大的影响,我们在研究上的投资似乎是非常之小。例如,如果考虑到延迟一天修复一个核设备或通过一个管道建议中所带来的损失,那么一个能够提供0.1的机会来缩短决策时间的研究计划将得到一个巨大的投资回报。我们可以从这样一些研究中获得相似的回报,例如研究用于促进公众参与方案的计划过程(为了避免建筑过程中的意外),或研究用于减少药物批准过程的不确定性(同样为了鼓励创新性的研究和开发),或研究帮助工人们了解职业的风险(从而使他们能对自己的利益作更好的决策)。这些研究可能是社会风险资金好的投资。

参 考 文 献

Acton, J. *Evaluating public programs to save lives: The case of heart attacks (R-950-RC)*. Santa Monica, Calif.: Rand Corporation, 1973.

Agricola, G. *De re metallica*, 1556.

A look at human error. *Chemical and Engineering News*, 1980, *58*(18), 82.

American Public Health Association. *Statement on S.2153 Occupational Safety and Health Improvement Act of 1980*. Washington, D.C.: Author, 1980.

Ames, B. N. Identifying environmental chemicals causing mutations and cancer. *Science*, 1979, *204*, 587-593.

Appelbaum, R. P. The future is made, not predicted: Technocratic planners vs. public interests. *Society*, May/June 1977, pp. 49-53.

Armstrong, J. S. Tom Swift and his electric regression analysis machine: 1973. *Psychological Reports*, 1975, *36*, 806.

Ashcraft, R. Economic metaphors, behavioralism, and political theory: Some observations on the ideological uses of language. *Western Political Quarterly*, 1977, *30*, 313-328.

Atomic Industrial Forum. *Committee on Reactor Licensing and Safety Statement on Licensing Reform*. New York: Author, 1976.

Barber, W. C. Controversy plagues setting of environmental standards. *Chemical and Engineering News*, 1979, *57*(17), 34-37.

Bazelon, D. L. Risk and responsibility. *Science*, 1979, *205*, 277-280.

Bazelon, D. L. Science, technology, and the court. *Science*, 1980, *208*, 661.

Berkson, J., Magath, T. B., & Hurn, M. The error of estimate of the blood cell count as made with the Hemocytometer. *American Journal of Physiology*, 1939-1940, *128*, 309-323.

Bick, T., Hohenemser, C., & Kates, R. Target: Highway risks. *Environment*, 1979, *21*(2), 7-15, 29-38.

Bøe, C. Risk management:The realization of safety. *Proceedings of the 11th Congress of the International Association of Bridge and Structural Engineers*, 1979, 237-245.

Boffey, P. M. Nuclear war: Federation disputes Academy on how bad effects would be. *Science*, 1975, *190*, 248-250.

Borch, K. *The economics of uncertainty*. Princeton, N.J.: Princeton University Press, 1968.

Bradley, M. H. Zero - what does it mean? *Science*, 1980, *208*, 7.

Brooks, A., & Bailar, B. A. *An error profile: Employment as measured by the current population survey* (Statistical Policy Working Paper 3). Washington, D.C.: U.S. Department of Commerce, 1978.

Brown, R. *Social psychology*. Glencoe, Ill.: The Free Press, 1965.

Bunker, J., Barnes, B., & Mosteller, F. *Costs, risks, and benefits of surgery*. New York: Oxford University Press, 1977.

Burch, P. R. J. Smoking and lung cancer: The problem of inferring cause (with discussion). *Journal of the Royal Statistical Society, Series A (General)*, 1978, *141*, 437-477.

Burton, I., Kates, R. W., & White, G. F. *The environment as hazard*. New York: Oxford University Press, 1978.

Calabrese, E. J. *Methodological approaches to deriving environmental and occupational health standards*. New York: Wiley, 1978.

Calabresi, G. *The costs of accidents*. New Haven, Conn.: Yale University Press, 1970.

Callen, E. The science court. *Science*, 1976, *193*, 950-951.

Campbell, D. T. Degrees of freedom and the case study. *Comparative Political Studies*, 1975, *8*, 178-193.

Campbell, D. T., & Erlebacher, A. How regression artifacts in quasi-experimental evaluations can mistakenly make compensatory education look harmful. In J. Hellmuth (Ed.), *Compensatory education: A national debate*. Vol. 3. *Disadvantaged child*. New York: Brunner/Mazel, 1970.

Canadian Standards Association. *Background paper concerning the selection and implementation of the CSA quality program standards* (CSA Special Publication QA1-1978). Rexdale, Ontario: Author, 1978.

Carter, L. J. Alaskan gas: The feds umpire another confused pipeline debate. *Science*, 1975, *190*, 362, 364.

Carter, L. J. How to assess cancer risks. *Science*, 1979, *204*, 811-816.

Chapman, L. J., & Chapman, J. P. Illusory correlation as an obstacle to the use of valid psychodiagnostic signs. *Journal of Abnormal Psychology*, 1969, *74*, 271-280.

Cohen, A. Personal communication, 1980.

Cohen, B., & Lee, I. S. A catalog of risks. *Health Physics*, 1979, *36*, 707-722.

Cohen, J. The statistical power of abnormal-social psychological research: A review. *Journal of Abnormal and Social Psychology*, 1962, *65*, 145-153.

Cohen, J. *Statistical power analysis for the behavioral sciences*. New York: Academic Press, 1969.

Comar, C. L. Risk: A pragmatic de minimis approach. *Science*, 1979, *203*, 319. (a)

Comar, C. L. SO_2 regulation ignores costs, poor science base. *Chemical and Engineering News*, 1979, *57*(17), 42-46. (b)

Combs, B., & Slovic, P. Newspaper coverage of causes of death. *Journalism Quarterly*, 1979, *56*(4), 837-843.

Commoner, B. *The politics of energy*. New York: Knopf, 1979.

Corbin, R. Decisions that might not get made. In T. Wallsten (Ed.), *Cognitive processes in choice and decision behavior*. Hillsdale, N.J.: Erlbaum, 1980.

Crask, M. R., & Perreault, W. D., Jr. Validation of discriminant analysis in marketing research. *Journal of Marketing Research*, 1977, *14*, 60-68.

Crouch, E., & Wilson, R. *Estimates of risks*. Unpublished manuscript, Energy and Environmental Policy Center, Harvard University, 1979.

David, E. E. One-armed scientists? *Science*, 1975, *189*, 891.

Dawes, R. M., & Corrigan, B. Linear models in decision making. *Psychological Bulletin*, 1974, *81*, 95-106.

De Groot, A. D. *Thought and choice in chess*. The Hague: Mouton, 1965.

Doern, G. B. Science and technology in the nuclear regulatory process: The case of Canadian uranium miners. *Canadian Public Administration*, 1978, *21*, 51-82.

Dorfan, D. Personal communication, 1980.

Doubts linger on cyclamate risks. *Eugene Register-Guard*, January 14, 1976, p. 9A.

Dunlap, T. R. Science as a guide in regulating technology: The case of DDT in the United States. *Social Studies of Science*, 1978, *8*, 265-285.

Dyson, F. J. The hidden cost of saying no! *Bulletin of the Atomic Scientists*, 1975, *31*, 23-27.

Einhorn, H. J. Decision errors and fallible judgment: Implications for social policy. In K. R. Hammond (Ed.), *Judgment and decision in public policy formulation*. Boulder, Colo.: Westview, 1978.

Ellul, J. *Propaganda*. New York: Knopf, 1969.

Elstein, A. Personal communication, 1979.

Ericsson, A., & Simon, H. Verbal reports as data. *Psychological Review*, 1980, *87*, 215-251.

Fairfax, S. K. A disaster in the environmental movement. *Science*, 1978, *199*, 743-748.

Fairley, W. B. Evaluating the "small" probability of a catastrophic accident from the marine transportation of liquefied natural gas. In W. B. Fairley & F. Mosteller (Eds.), *Statistics and public policy*. Reading Mass.: Addison-Wesley, 1977.

Farmer, F. R. Siting criteria:A new approach. In *Containment and siting of nuclear power plants*. Vienna: International Atomic Energy Agency, 1967, 303-318.

Fay, A. J. *A public interest point of view*. Paper presented at the Risk-Benefit Methodology and Application Conference, Asilomar, California, September 1975.

Feagans, T. B., & Biller, W. F. *A method for assessing the health risks associated with alternative air quality standards*. Research Triangle Park, N.C.: U.S. EPA Office of Air Quality Planning and Standards, 1979.

Ferreira, J., & Slesin, L. *Observations on the social impact of large accidents* (Technical Report No. 122). Cambridge, Mass.: MIT, Operations Research Center, 1976.

Fischhoff, B. Hindsight $\neq$ Foresight: The effect of outcome knowledge on judgment under uncertainty. *Journal of Experimental Psychology: Human Perception and Performance*, 1975, *1*, 288-299.

Fischhoff, B. Clinical decision analysis. *Operations Research*, 1980, *28*, 28-43. (a)

Fischhoff, B. For those condemned to study the past: Reflections on historical judgment. In R. A. Shweder & D. W. Fiske (Eds.), *New directions for methodology of behavior science: Fallible judgment in behavioral research*. San Francisco: Jossey-Bass, 1980. (b)

Fischhoff, B., Slovic, P., & Lichenstein, S. Knowing with certainty: The appropriateness of extreme confidence. *Journal of Experimental Psychology: Human Perception and Performance*, 1977, *3*, 552-564.

Fischhoff, B., Slovic, P., & Lichtenstein, S. Fault trees: Sensitivity of estimated failure probabilities to problem representation. *Journal of Experimental Psychology: Human Perception and Performance*, 1978, *4*, 330-344.

Fischhoff, B., Slovic, P., & Lichtenstein, S. Weighing the risks. *Environment*, 1979, *21*(4), 17-20, 32-38.

Fischhoff, B., Slovic, P., & Lichtenstein, S. Knowing what you want: Measuring labile values. In T. Wallsten (Ed.), *Cognitive processes in choice and decision behavior*. Hillsdale, N.J.: Erlbaum, 1980.

Fischhoff, B., Slovic, P., & Lichtenstein, S. Lay foibles and expert fables in judgments about risk. In T. O'Riordan & R. K. Turner (Eds.), *Progress in resource management and environmental planning* (Vol. 3). Chichester, U.K.: Wiley, 1981.

Fischhoff, B., Slovic, P., Lichtenstein, S., Layman, M., & Combs, B. Judged frequency of lethal events. *Journal of Experimental Psychology: Human Learning and Memory*, 1978, *4*, 551-578.

Fischhoff, B., & Whipple, C. *Assessing health risks associated with ambient air quality standards*. Research Triangle Park, N.C.: EPA, Office of Air Quality Planning and Standards, 1980.

Fishbein, M., & Ajzen, I. *Belief, attitude, intention and behavior*. Reading,Mass.: Addison-Wesley, 1975.

Fitts, P., & Posner, M. *Human performance*. Belmont, Calif.: Brooks/Cole, 1965.

Florman, S. C. Pomp and civil engineering: Image advertising. *Harper's*, November 1979, pp. 100, 104.

Forrester, J. W. *World dynamics*. Cambridge, Mass.: Wright-Allen, 1973.

Gamble, D. J. The Berger inquiry: An impact assessment process. *Science*, 1978, *199*, 946-951.

Gardiner, P. J., & Edwards, W. Public values: Multiattribute-utility measurement for social decision making. In M. F. Kaplan & S. Schwartz (Eds.), *Human judgment and decision processes*. New York: Academic Press, 1975.

Green, A. E., & Bourne, A. J. *Reliability technology*. New York: Wiley Interscience, 1972.

Greene, G. *Doctor Fischer of Geneva. Or, The Bomb Party*. New York: Simon & Schuster, 1980.

Hammer, W. *Product safety and management engineering*. Englewood Cliffs, N.J.: Prentice-Hall, 1980.

Hammond, K. R., & Adelman, L. Science, values and human judgment. *Science*, 1976, *194*, 389–396.

Handler, P. Public doubts about science. *Science*, 1980, *208*, 1093.

Hanley, J. The silence of scientists. *Chemical and Engineering News*, 1980, *58*(12), 5.

Henshel, R. L. Effects of disciplinary prestige on predictive accuracy: Distortions from feedback loops. *Futures*, 1975, *7*, 92–106.

Hexter, J. H. *The history primer*. New York: Basic Books, 1971.

Hoffman, S. D. *Unreasonable risk of injury revisited*. Chicago: Underwriters Laboratories, 1976.

Hohenemser, K. H. The failsafe risk. *Environment*, 1975, *17*(1), 6–10.

Holden, C. FDA tells senators of doctors who fake data in clinical drug trials. *Science*, 1979, *206*, 432–433.

Holden, C. Love Canal residents under stress. *Science*, 1980, *208*, 1242–1244.

Holdren, J. P., Smith, K. R., & Morris, G. Letter to the editor. *Science*, 1979, *204*, 564.

Holmes, R. On the economic welfare of victims of automobile accidents. *American Economic Review*, 1970, *60*, 143–152.

Howard, N., & Antilla, S. What price safety? The "zero-risk" debate. *Dun's Review*, 1979, *14*(3), 48–57.

Howard, P. Personal communication, 1978.

Howard, R. A. The foundation of decision analysis. *IEEE Transactions on Systems, Science and Cybernetics*, 1968, *SSC-4*(3), 393–401.

Howard, R. A. Life and death decision analysis. *Proceedings of the Second Lawrence Symposium on Systems and Decision Sciences*, 1978, 271–277.

Howard, R. A., Matheson, J. E., & Miller, K. L. *Readings in decision analysis*. Menlo Park, Calif.: Decision Analysis Group, Stanford Research Institute, 1976.

Howard, R. A., Matheson, J. E., & Owen, D. The value of life and nuclear design. *Proceedings of the Topical Meeting on Probabilistic Analysis of Nuclear Reactor Safety, 1978, 2*, IV.2-1–IV.2-9.

Hyman, R. Scientists and psychics. In S. O. Abell & B. Singer (Eds.), *Science of the paranormal*. New York: Scribner's, 1980.

Hynes, M., & Vanmarcke, E. Reliability of embankment performance prediction. In *Proceedings of the ASCE Engineering Mechanics Division Specialty Conference*. Waterloo, Ontario, Canada: University of Waterloo Press, 1976.

Ingram, M. J., Underhill, D. J., & Wigley, T. M. L. Historical climatology. *Nature*, 1978, *276*, 329–334.

Inhaber, H. Risk with energy from conventional and nonconventional sources. *Science*, 1979, *203*, 718–723.

International Commission on Radiological Protection. *Implications of commission recommendations that doses be kept as low as readily achievable* (ICRP Publication 22). Oxford: Pergamon Press, 1973.

Janis, I. *Victims of groupthink*. Boston: Houghton Mifflin, 1972.

Jennergren, L. P., & Keeney, R. L. Risk assessment. In *Handbook of applied systems analysis*. Laxenburg, Austria: International Institute of Applied Systems Analysis, in press.

Johnson, B. B. *Selected federal legislation on technological hazards 1957–1978*. Unpublished doctoral dissertation, Clark University, 1980.

Johnson, W. G. Compensation for occupational illness. In R. Nicholson (Ed.), *Carcinogenic risk assessment*. New York: New York Academy of Sciences, 1980.

Jones-Lee, M. W. *The value of life: An economic analysis*. Chicago: University of Chicago Press, 1976.

Jungermann, H. Speculations about decision-theoretics aids for personal decision making. *Acta Psychologica*, 1980, *45*, 7-34.

Kahneman, D., & Tversky, A. On the psychology of prediction. *Psychological Review*, 1973, *80*, 237-251.

Kahneman, D., & Tversky, A. Prospect theory. *Econometrica*, 1979, *47*, 263-292.

Kastenberg, W., McKone, T., & Okrent, D. *On risk assessment in the absence of complete data* (UCLA report No. ENG-7677). Los Angeles: UCLA, 1976.

Kates, R. W. *Hazard and choice perception in flood plain management* (Research Paper No. 78). Chicago: University of Chicago, Department of Geography, 1962.

Keeney, R. L. The art of assessing multiattribute utility functions. *Organizational Behavior and Human Performance*, 1977, *4*, 267-310.

Keeney, R. L. Equity and public risk. *Operations Research*, 1980, *28*, 527-534.(a)

Keeney, R. L. *Siting energy facilities*. New York: Academic Press, 1980.(b)

Keeney, R. L., & Raiffa, H. *Decisions with multiple objectives: Preferences and value tradeoffs*. New York: Wiley, 1976.

Kletz, T. A. What risks should we run? *New Scientist*, 1977, *74*, 320-322.

Knapka, J. J. The issues in diet contamination control. *Lab Animal*, 1980, *9*(2), 25.

Knoll, F. Safety, building codes and human reality. *Proceedings of the 11th Congress of the International Association of Bridge and Structural Engineers*, 1979, 247-258.

Kolata, G. B. Love Canal: False alarm caused by botched study. *Science*, 1980, *208*, 1239-1242.

Kozlowski, L. T., Herman, C. P., & Frecker, R. C. What researchers make of what cigarette smokers say: Filtering smokers' hot air. *Lancet*, 1980, *1*(8170), 699-700.

Krass, A. Personal communication, 1980.

Kunce, J. T., Cook, D. W., & Miller, D. E. Random variables and correlational overkill. *Educational and Psychological Measurement*, 1975, *35*, 529-534.

Kunreuther, H., Ginsberg, R., Miller, L., Sagi, P., Slovic, P., Borkin, B., & Katz, N. *Disaster insurance protection: Public policy lessons*. New York: Wiley, 1978.

Kyburg, H. E., Jr., & Smokler, H. E. *Studies in subjective probability*. New York: Wiley, 1964.

Lanir, Z. *Critical reevaluation of the strategic intelligence methodology*. Tel Aviv: Center for Strategic Studies, Tel Aviv University, 1978.

Larkin, J., McDermott, J., Simon, D. P., & Simon, H. A. Expert and novice performance in solving physics problems. *Science*, 1980, *208*, 1335-1342.

Lave, L. B. Ambiguity and inconsistency in attitudes toward risk: A simple model. *Proceedings of the Society for General Systems Research Annual Meeting*, 1978, *00*, 108-114.

Layard, R. *Cost-benefit analysis*. New York: Penguin, 1974.

Lepkowski, W. Appropriate technology prods science policy. *Chemical and Engineering News*, 1980, *58*(24), 31-35.

Levine, M. Scientific method and the adversary model: Some preliminary thoughts. *American Psychologist*, 1974, *29*, 661-716.

Lichtenstein, S., Fischhoff, B., & Phillips, L. D. Calibration of probabilities: The state of the art. In H. Jungermann & G. deZeeuw (Eds.), *Decision making and change in human affairs*. Amsterdam: D. Reidel, 1977.

Lichtenstein, S., & Slovic, P. Response-induced reversals of preference in gambling: An extended replication in Las Vegas. *Journal of Experimental Psychology*, 1973, *101*, 16-20.

Lindblom, C. E. *The intelligence of democracy*. New York: The Free Press, 1965.

Linnerooth, J. *A review of recent modelling efforts to determine the value of a human life* (Research Memorandum RM-75-67). Laxenburg, Austria: International Institute for Applied Systems Analysis, 1975.

Linnerooth, J. Methods for evaluating mortality risk. *Futures*, 1976, *8*, 293-304.

Lovins, A. B. Cost-risk-benefit assessments in energy policy. *George Washington Law Review*, 1977, *45*, 911-943.

Mahoney, M. J. Psychology of the scientist: An evaluative review. *Social Studies of Science,* 1979, *9,* 349-375.

March, J., & Shapira, Z. Behavioral decision theory and organizational decision theory, In G. Ungson & D. Braunstein (Eds.), *New directions in decision making.* New York: Kent, in press.

Markovic, M. Social determinism and freedom. In H. E. Kelfer & M. K. Munitz (Eds.), *Mind, science and history.* Albany: State University of New York Press, 1970.

Marks, B. A. Decision under uncertainty: The narrative sense. *Administration and Society,* 1977, *9,* 379-394.

Marsh, C. *How would you say you felt about political opinion surveys? Would you say you were very happy, fairly happy or not too happy?* Paper presented at BSA/SSRC Conference on Methodology and Techniques of Sociology, Lancaster, U.K., Nov., 1979.

Marx, J. L. Low-level radiation: Just how bad is it? *Science,* 1979, *204,* 160-164.

Maxey, M. N. Radiation health protection and risk assessment: Bioethical considerations. *Proceedings of the 15th Annual Meeting of the National Council on Radiation Protection and Measurements,* 1979, 18-33.

Mazur, A. Disputes between experts. *Minerva,* 1973, *11,* 243-262.

Mazur, A., Marino, A. A., & Becker, R. O. Separating factual disputes from value disputes in controversies over technology. *Technology in Society,* 1979, *1,* 229-237.

McNeil, B. J., Weichselbaum, R., & Pauker, S. G. Fallacy of the 5-year survival rate in lung cancer. *New England Journal of Medicine,* 1978, *299,* 1397-1401.

McNown, R. F. A mechanism for revealing consumer preferences towards public goods. *Review of Social Economy,* 1978, *36,* 2.

Meadows, D. H., Meadows, D. L., Randers, J., & Behrens, W. W. *The limits to growth.* New York: Signet, 1972.

Meehl, P. E. Nuisance variables and the ex post facto design. In M. Radner & S. Winokur (Eds.), *Minnesota studies in the philosophy of science.* Minneapolis: University of Minnesota Press, 1970.

Menkes, J. *Epistemological issues of technology assessment.* Unpublished manuscript, 1978.

Mishan, E. J. Flexibility and consistency in project evaluation. *Economica,* 1974, *41,* 81-96.

Mishan, E. J. *Cost-benefit analysis.* New York: Praeger, 1976.

Mishan, E. J., & Page, T. *The methodology of cost-benefit analysis: With particular reference to the ozone problem* (Social Studies Working Paper 249). Pasadena, Calif.: California Institute of Technology, 1979.

Moreau, D. H. *Quantitative risk assessment of non-carcinogenic ambient air quality standards.* Research Triangle Park, N.C.: U.S. EPA, Office of Air Quality Planning and Standards, 1980.

Morgan, K. Z. Present status of recommendations of the International Commission on Radiological Protection. In A. M. F. Duhamel (Ed.), *Health physics.* New York: Pergamon Press, 1969.

Morgan, M. G., Rish, W. R., Morris, S. C., & Meier, A. K. Sulfur control in coal fired power plants: A probabilistic approach to policy analysis. *Air Pollution Control Association Journal,* 1978, *28,* 993-997.

Morris, P. A. Decision analysis expert use. *Management Science,* 1974, *20,* 1233-1241.

National Academy of Sciences. *The effects on populations of exposure to low levels of ionizing radiation.* Washington, D.C.: Author, 1972.

National Academy of Sciences. *Decision making for regulating chemicals in the environment.* Washington, D.C.: Author, 1975, Appendix H.

National Academy of Sciences. *Surveying crime.* Washington, D.C.: Author, 1976.

Neyman, J. *Probability models in medicine and biology: Avenues for their validation for humans in real life.* Berkeley, Calif.: University of California, Statistical Laboratory, 1979.

230

Nisbett, R. E., & Ross, L. *Human inference: Strategies and shortcomings of social judgment.* Englewood Cliffs, N.J.: Prentice-Hall, 1980.

Nisbett, R. E., & Wilson, T. D. Telling more than we can know: Verbal reports on mental processes. *Psychological Review,* 1977, *84*(3), 231–259.

Norman, D. A. Post-Freudian slips. *Psychology Today,* 1980, *13*(11), 42–50.

Okrent, D., & Whipple, C. *An approach to societal risk acceptance criteria and risk management* (Report UCLA-ENG-7746). Los Angeles: UCLA, School of Engineering and Applied Sciences, 1977.

O'Leary, M. K., Coplin, W. D., Shapiro, H. B., & Dean, D. The quest for relevance. *International Studies Quarterly,* 1974, *18*, 211–237.

Otway, H. J., & Cohen, J. J. *Revealed preferences: Comments on the Starr benefit-risk relationships* (Research Memorandum 75-5). Laxenburg, Austria: International Institute for Applied Systems Analysis, 1975.

Owen, P. A. Discount rates for social cost benefit analysis of nuclear energy. *Proceedings of the Topical Meeting on Probabilistic Analysis of Nuclear Reactor Safety,* 1978, *2,* IV.5-1–IV.5-12.

Page, T. A generic view of toxic chemicals and similar risks. *Ecology Law Quarterly,* 1978, *7*, 207–243.

Page, T. A framework for unreasonable risk in the Toxic Substances Control Act. In R. Nicholson (Ed.), *Carcinogenic risk assessment.* New York: New York Academy of Sciences, 1981.

Parish, R. M. The scope of benefit-cost analysis. *Journal of the Economic Society of Australia and New Zealand,* 1976, *52*, 302–314.

Pauker, S. G. Coronary artery surgery: The use of decision analysis. *Annals of Internal Medicine,* 1976, *85*, 8–18.

Payne, S. L. *The art of asking questions.* Princeton: Princeton University Press, 1952.

Pearce, D. W. Social cost-benefit analysis and nuclear futures. In G. T. Goodman & W. D. Rowe (Eds.), *Energy risk management.* New York: Academic Press, 1979.

Peters, T. J. Leadership: Sad facts and silver linings. *Harvard Business Review,* 1979, *57*(6), 164–172.

Peto, R. Distorting the epidemiology of cancer. *Nature,* 1980, *284*, 297–300.

Piehler, H. R., Twerski, A. D. Weinstein, A., & Donaher, W. A. Product liability and the technical expert. *Science,* 1974, *186*, 1089–1093.

Polanyi, M. *Personal knowledge.* London: Routledge & Kegan Paul, 1962.

Poulton, E. C. The new psychophysics: Six models for magnitude estimation. *Psychological Bulletin,* 1968, *69*, 1–19.

Poulton, E. C. Quantitative subjective assessments are almost always biased, sometimes completely misleading. *British Journal of Psychology,* 1977, *68*, 409–425.

Raiffa, H. *Decision analysis.* Reading, Mass.: Addison-Wesley, 1968.

Rappoport, E. Unpublished doctoral dissertion, Department of Economics, UCLA, 1981.

Rethans, A. *An investigation of consumer perceptions of product hazards.* Unpublished doctoral dissertation, University of Oregon, 1979.

Riesman, D. *The lonely crowd.* New Haven, Conn.: Yale University Press, 1961.

Rokeach, M. *The nature of human values.* New York: The Free Press, 1973.

Rosencranz, A., & Wetstone, G. S. Acid precipitation: National and international responses. *Environment,* 1980, *22*(5), 6–20, 40–41.

Rothschild, N. M. Rothschild: An antidote to panic. *Nature,* 1978, *276*, 555.

Rothschild's numerate arrogance. *Nature,* 1978, *276*, 429.

Rotow, D., Cochran, T., & Tamplin, A. NRDC comments on criteria for radioactive waste proposed by the Environmental Protection Agency. *Federal Register,* 1978, *43*(226). Issued January 5, 1979 by the Natural Resources Defense Council.

Rowe, W. D. *An anatomy of risk*. New York: Wiley, 1977.(a)

Rowe, W. D. Governmental regulations of societal risks. *George Washington Law Review*, 1977, *45*, 944-968.(b)

Savage, L. J. *The foundations of statistics*. New York: Wiley, 1954.

Schelling, T. C. The life you save may be your own. In S. B. Chase (Ed.), *Problems in public expenditure analysis*. Washington, D.C.: Brookings Institution, 1968.

Schlaifer, R. O. *Analysis of decisions under uncertainty*. New York: McGraw-Hill, 1969.

Schneider, S. H., & Mesirow, L. E. *The genesis strategy*. New York: Plenum, 1976.

Schneider, T. H. Safety concepts. *Proceedings of the 11th Congress of the International Association of Bridge and Structural Engineers*, 1979, 225-236.

Schneiderman, M. A. The uncertain risks we run: Hazardous material. In R. C. Schwing & W. A. Albers, Jr. (Eds.), *Societal risk assessment: How safe is safe enough?* New York: Plenum, 1980.

Schulze, W. Social welfare functions for the future. *American Economist*, 1974, *18*(1), 70-81.

Schuman, H., & Johnson, M. Attitudes and behavior. *Annual Review of Sociology*, 1976, *2*, 161-207.

Schuman, H., & Presser, S. Question wording as an independent variable in survey analysis. *Sociological Research and Methods*, 1977, *6*, 151-170.

Segnar, S. F. *Placing your bets on technology. . . sure thing or long shot?* Paper presented at the American Institute of Chemical Engineers, New York, June 1980.

Settle, D. M., & Patterson, C. C. Lead in albacore: Guide to lead pollution in Americans. *Science*, 1980, *207*, 1167-1176.

Sheridan, T. B. Human error in nuclear power plants. *Technology Review*, 1980, *82*(4), 23-33.

Shroyer, T. Toward a critical theory for advanced industrial society. In H. P. Drietzel (Ed.), *Recent sociology*. Vol. 2. *Patterns of communicative behavior*. London: Macmillan, 1970.

Sinclair, C., Marstrand, P., & Newick, P. *Innovation and human risk*. London: Centre for the Study of Industrial Innovation, 1972.

Sjöberg, L. The risks of risk analysis. *Acta Psychologica*, 1980, *45*, 301-321.

Slovic, P., Fischhoff, B., & Lichtenstein, S. Behavioral decision theory. *Annual Review of Psychology*, 1977, *28*, 1-39.

Slovic, P., Fischhoff, B., & Lichtenstein, S. Rating the risks. *Environment*, 1979, *21*(3), 14-20, 36-39.

Slovic, P., Fischhoff, B., & Lichtenstein, S. Perceived risk. In R. C. Schwing & W. A. Albers, Jr. (Eds.), *Societal risk assessment: How safe is safe enough?* New York: Plenum, 1980.

Smith, R. J. NCI bioassays yield a trail of blunders. *Science*, 1979, *204*, 1287-1292.

Sowby, F. D. Radiation and other risks. *Health Physics*, 1965, *11*, 879-887.

Spetzler, C. S., & Staël von Holstein, C.-A. Probability encoding in decision analysis. *Management Science*, 1975, *22*, 340-358.

Staël von Holstein, C.-A., & Matheson, J. E. *A manual for encoding probability distributions*. Menlo Park, Calif.: SRI International, 1978.

Starr, C. Social benefit versus technological risk. *Science*, 1969, *165*, 1232-1238.

Starr, C. Benefit-cost studies in sociotechnical systems. In *Perspective on benefit-risk decision making*. Washington, D.C.: Committee on Public Engineering Policy, National Academy of Engineering, 1972.

Starr, C., & Whipple, C. Risks of risk decisions. *Science*, 1980, *208*, 1114-1119.

Stech, F. J. *Political and military intention estimation: A taxonometric analysis*. Bethesda, Md.: Mathtech, 1979.

Stokey, E., & Zeckhauser, R. *A primer for policy analysis*. New York: Norton, 1978.

Svenson, O. Risks of road transportation in a psychological perspective. *Accident Analysis and Prevention*, 1978, *10*, 267-280.

Svenson, O. *A vulnerable or resilient society? Some reflections on a problem area* (Report No. 19). Stockholm: Swedish Council for Social Science Research, 1979.

Tarr, J. *Retrospective technology assessment*. San Francisco: University of San Francisco Press, 1977.

Taylor, B. N. Physical constants. *Encyclopedia Britannica: Macropaedia,* 1974, *5,* 75–84.

Teger, A. I. Too much invested to quit. New York: Pergamon Press, 1980.

Thaler, R., & Rosen, S. The value of saving a life: Evidence from the labor market. In N. Terleckyj (Ed.), *Household production and consumption*. New York: Columbia University Press, 1976.

Tihansky, D. Confidence assessment of military air frame cost predictions. *Operations Research,* 1976, *24,* 26–43.

Tribe, L. H. Policy science: Analysis or ideology? *Philosophy and Public Affairs,* 1972, *2,* 66–110.

Tribe, L. H. Technology assessment and the fourth discontinuity: The limits of instrumental rationality. *Southern California Law Review,* 1973, *46,* 617–660.

Tukey, J. W. Some thoughts on clinical trials, especially problems of multiplicity. *Science,* 1977, *198,* 678–690.

Turner, C. F., & Krauss, E. Fallible indicators of the subjective state of the nation. *American Psychologist,* 1978, *33,* 456–470.

Tversky, A., & Kahneman, D. Belief in the law of small numbers. *Psychological Bulletin,* 1971, *76,* 105–110.

Tversky, A., & Kahneman, D. Judgment under uncertainty: Heuristics and biases. *Science,* 1974, *185,* 1124–1131.

Tversky, A., & Kahneman, D. The framing of decisions and the psychology of choice. *Science,* 1981, *211,* 453–458.

U.S. Atomic Energy Commission. *Comparative risk-cost-benefit study of alternative sources of electrical energy* (USAEC WASH-1224). Washington, D.C.: Author, 1974.

U.S. Department of Energy. *Carbon dioxide effects research and assessment program* (DOE/EV-0071). Washington, D.C.: Author, 1979.

U.S. Government. *Hearings, 94th Congress, 1st Session. Browns Ferry Nuclear Plant Fire, September 16, 1975.* Washington, D.C.: U.S. Government Printing Office, 1975.

U.S. Government. *Teton Dam disaster.* Washington, D.C.: Committee on Government Operations, 1976.

U.S. Government. *Report of the President's Commission on the Accident at Three Mile Island.* Washington, D.C.: U.S. Government Printing Office, 1979.

U.S. Nuclear Regulatory Commission. *Reactor safety study: An assessment of accident risks in U.S. commercial nuclear power plants* (WASH 1400 [NUREG-75/014]). Washington, D.C.: Author, 1975.

U.S. Nuclear Regulatory Commission. *Risk assessment review group to the U.S. Nuclear Regulatory Commission* (NUREG/CR-0400). Washington, D.C.: Author, 1978.

Vanmarcke, E. H. *Risk and decision analysis in soil engineering.* Paper presented at the 9th International Conference on Soil Mechanics and Foundation Engineering, Tokyo, July 1977.

Viscusi, W. K. Job hazards and worker quit rates: An analysis of adaptive worker behavior. *International Economic Review,* 1979, *20,* 29–58.

von Neumann, J., & Morgenstern, O. *Theory of games and economic behavior.* Princeton, N.J.: Princeton University Press, 1947.

von Winterfeldt, D. *Modelling standard setting decisions: An illustrative application to chronic oil discharges.* (Research Memorandum RM-78-27). Laxenburg, Austria: International Institute for Applied Systems Analysis, 1978.

von Winterfeldt, D., & Edwards, W. *Evaluation of complex stimuli using multiattribute utility procedures* (Technical Report 011313-2-T). Ann Arbor: Engineering Psychology Lab, University of Michigan, 1973.

Walgate, R. EEC rules soon. *Nature*, 1980, *285*, 432-433.

Walker, R., & Bayley, S. Quantitative assessment of natural values in benefit-cost analysis. *Journal of Environmental Systems*, 1977-1978, *7*(2), 131-147.

Weaver, S. The passionate risk debate. *The Oregon Journal*, April 24, 1979.

Weinberg, A. M. Salvaging the atomic age. *The Wilson Quarterly*, Summer 1979, pp. 88-112.

Weinstein, N. D. Seeking reassuring or threatening information about environmental cancer. *Journal of Behavioral Medicine*, 1979, *16*, 220-224.

Wheeler, D. D., & Janis, I. L. *A practical guide for making decisions*. New York: The Free Press, 1980.

White, I. L. Interdisciplinarity. *The Environmental Professional*, 1979, *1*, 51-55.

Wildavsky, A. The political economy of efficiency: Cost-benefit analysis, systems analysis and program budgeting. *Public Administration Review*, 1966.

Willson, V. L. Estimating changes in accident statistics due to reporting requirement changes. *Journal of Safety Research*, 1980, *12*(1), 36-42.

Wilson, B. Explosives report may rock a new town. *The Observer* (London), January 13, 1980.

Wilson, R. Examples in risk-benefit analysis. *Chemtech*, 1975, *6*, (Oct.), 604-607.

Wilson, R. Analyzing the daily risks of life. *Technology Review*, 1979, *81*(4), 40-46.

Wohlstetter, R. *Pearl Harbor: Warning and decision*. Stanford, Calif.: Stanford University Press, 1962.

World Meteorological Organization. *World Climate Conference*. Geneva: Author, 1978.

Wortman, P. M. Evaluation research: A psychological perspective. *American Psychologist*, 1975, *30*, 562-575.

Zeckhauser, R., & Shepard, D. Where now for saving lives? *Law and Contemporary Problems*, 1976, *40*, 5-45.

Zeisel, H. Lawmaking and public opinion research: The president and Patrick Caddell. *American Bar Foundation Research Journal*, 1980, *1*, 133-139.

Zentner, R. D. Hazards in the chemical industry. *Chemical and Engineering News*, 1979, *57*(45), 25-27, 30-34.

Zuniga, R. B. The experimenting society and radical social reform. *American Psychology*, 1975, *30*, 99-115.

附加读物

对这个话题其他内容感兴趣的读者可参考下面综合的资料。

Clark, E. M., & Van Horn, A. J. *Risk-benefit analysis and public policy: A bibliography* (Updated and extended by L. Hedal & E. A. C. Crouch). Cambridge, Mass.: Energy and Environmental Policy Center, Harvard University, 1978.

Committee on Public Engineering Policy. *Perspectives on benefit-risk decision making.* Washington, D.C.: National Academy of Engineering, 1972.

Conrad, J. (Ed.). *Society, technology and risk.* London: Academic Press, 1980.

Council for Science and Society. *The acceptability of risks.* London: Barry Rose, 1977.

Health and Safety Executive. *Canvey: Summary of an investigation of potential hazards from operations in the Canvey Island/Thurrock area.* London: Her Majesty's Stationery Office, 1978.

Hohenemser, C., & Kasperson, J. (Eds.). *Risk in the technological society.* Boulder, Colo.: Westview, in press.

Jennergren, L. P., & Keeney, R. L. Risk assessment. In *Handbook of applied systems analysis.* Laxenburg, Austria: International Institute of Applied Systems Analysis, in press.

Kates, R. W. *Risk assessment of environmental hazard.* Chichester, U.K.: Wiley, 1978.

Lawless, E. W. *Technology and social shock.* New Brunswick, N.J.: Rutgers University Press, 1977.

Lowrance, W. W. *Of acceptable risk.* Los Altos, Calif.: Kaufmann, 1976.

National Academy of Sciences. *Decision making for regulating chemicals in the environment.* Washington, D.C.: Author, 1977.

Nelkin, D. *Technological decisions and democracy.* Beverly Hills, Calif: Sage, 1977.

The risk equations: What risks should we run? Acceptability versus democracy; the subjective side of assessing risks; Virtue in compromise; The political economy of risk. *New Scientist,* 1977, *74,* (May 12, May 18, May 26, September 8).

Rowe, W. D. *An anatomy of risk.* New York: Wiley, 1977.

Schwing, R. C., & Albers, W. A. (Eds.) *Societal risk assessment: How safe is safe enough?* New York: Plenum, 1980.

Starr, C., Rudman, R., & Whipple, C. Philosophical basis for risk analysis. *Annual Review of Energy,* 1976, *1,* 629–662.

索　引

（所注页码为英文原书页码，即本书边码。黑体字为英文原书页码在本书中边码的微调。）

机会,资本,34

虐待儿童,10

气候变化,10,16,20—22

理解性,53—55,59,142—144

　　步步为营,96

　　方法的比较,121—122,130—133

　　正规分析,115—116

　　专业判断,77

有益于学习,58—59

　　步步为营,96

　　方法的比较,121—122,130—133

　　正规分析,115—116

　　专业判断,77

一致同意,40—41,197,149—150

后果,

　　可能的维度,13

　　选择的,12,143—144,158—159

　　理解的,20—22

消费者产品安全委员会,1,155

避孕,64—65

成本—效益分析,55—57,93,101—
　　105,108—119,121,124,126—
　　128,154

成本—效果分析,104

水坝,13,**19**t,36,51,67,70—71

DC-10,**19**t

DDT,**19**t

决策分析,101,105—119,121—122,
　　124—125,127,130

决策问题

　　明显简单的解决方法,5—7

　　定义,2,48

　　说明,3—4,4f,5—7

决策质量,35—43,144

　　在步步为营中,95—96,98

　　在正规分析中,115

　　在专业判断中,72—75

　　有关研究,166—168

腐蚀,17—18,48,101

贴现,112—13

地震,16

电子,静止质量,**35**f

能源动员会议(Energy Mobilization
　　Board),154

环境,成本,110

环境影响陈述,57,143

环境运动,12,93

环保局,158

公平性,93,103,113,144

错误

　　关联的,37—39

　　认识到的,72

　　理论上的,38

专家,定义,33—41,137